TIPPEL
TOUREN

Peter Squentz

TIPPEL TOUREN

Band 6

25 Wanderungen
rechts und links des Rheins

J. P. Bachem Verlag Köln

Fotos: Peter Squentz
Titelbild: Peter Squentz
Karten: Hans-Karl Welle

CIP-Titelaufnahmen der Deutschen Bibliothek

Squentz, Peter:
Tippel-Touren/Peter Squentz. – Köln: Bachem.
  Aus: Kölner Stadt-Anzeiger. – Teilw. im
  Hohenheim-Verl., Köln

Bd. 6. 25 Wanderungen rechts und links des
  Rheins / [Kt.: Hans-Karl Welle]. – 1. Aufl. –
  1992
  ISBN 3-7616-1092-0

Buchausgabe nach einer Fortsetzungsfolge aus dem

Kölner Stadt-Anzeiger

Erste Auflage · 1992
© J. P. Bachem Verlag, Köln, 1992
Satz und Druck: J. P. Bachem, Köln
Reproduktionen: Willy Kühl, Köln
Printed in Germany
ISBN 3-7616-1092-0

Rolf Elbertzhagen
und
Dieter Fitzau
gewidmet

Inhaltsverzeichnis

Vorbemerkung

Als die Tippeltouren für den zweiten Band beisammen waren, 1982, haben wir an dieser Stelle schon einmal gestaunt: Niemand hätte bei Beginn der Wanderserie geglaubt, daß es jemals fünfzig Folgen werden würden.

Jetzt sind hundertfünfzig Tippeltouren da, und die Liste der noch nicht erwanderten Gebiete, Dörfer, Ziele wächst noch immer. Schon lange liegt ein dichtes Netz von Wanderungen vor, das mit jeder neuen Route dichter wird. Doch es sind bei weitem keine Varianten, was da hinzukommt. Viele schöne Wegverläufe, landschaftliche Höhepunkte, kulturelle Sehenswürdigkeiten waren beim Erkunden geradezu Entdeckungen – zumindest für den Autor: der Höhenweg nach Belmicke mit weiten Blicken nach Westfalen; der Wasserfall am Weg bei Kerpen; der Pfad im Wald hinauf bei Herchen und der Blick hinab; die Westerwälder Blumenwiesen und das Tal voll Kunst bei Hasselbach; das schöne Königsfelder Ländchen, so nahe an der Autobahn, doch ohne Abfahrt, daß es mancher gar nicht kennt; der malerische Kern von Gräfrath; und, mit Gruiten an der Düssel, gleich ein ganzes Dorf wie aus dem Bilderbuch. Das sind Beispiele, leicht zu ersetzen durch andere Namen.

Jeder kann mit diesem Buch die Probe aufs Exempel machen, wenn er sich der Heimat mit den Tippeltouren auf die Fährte heftet, jeder wird wohl dabei seine eigenen Entdeckungen im Geist addieren. Auch dadurch wird das Netz dichter. Und so sind die Tippeltouren längst nicht nur ein Buch mit Wanderungen links und rechts des Rheins, sondern auch ein Reisebuch für jedermann im Rheinland.

Es gibt inzwischen andere Versuche, Bücher und Broschüren, das weite Umland für Besucher zu erschließen. Doch den besten Blick gestattet der Spaziergang, jene Art der Fortbewegung, die dem Menschen von Natur am nächsten ist. Auch wurde Wert darauf gelegt von Anfang an, daß die Tippeltouren immer auch ein Buch zum Lesen bleiben, mehr als bloß ein Fingerzeig für den, der unterwegs ist, auch ein Lesebuch für zwischendurch, voll mit Stückchen von Erzähltem aus Geschichte und Geschichten. Der Umfang macht es möglich, das Schriftbild soll es deutlich machen. Die nötigen Hervorhebungen für unterwegs nimmt jeder selber vor, wenn er sich auf den Weg macht, und auf seine Weise. Fertig wird auch dieses Buch erst durch den Leser, der von ihm Gebrauch macht.

Damit kommt ein letztes noch hinzu: Je dichter das Netz, je größer die Anzahl der Wege, desto schwieriger wird auch die Übersicht. Viele Leser haben oft genug die Zuverlässigkeit der Wegbeschreibung als Voraussetzung für den Erfolg der Serie bestätigt. Dann und wann sind auch schon einmal Briefe aus Verärgerung geschrieben worden: Da ist dann irgendwo der Wegverlauf geändert worden, Zeichen sind verschwunden, manchmal ist auch einer nicht ans Ziel gekommen. Da hilft es wenig, daß das, alles in allem, seltene Ausnahmen sind. Der Ärger ist im Augenblick derselbe. Hier fände ich es schön, wenn Sie mir dennoch, gerade dann, auf einer Karte oder mit einem kurzen Brief entsprechend Hinweis gäben:

Peter Squentz
c/o J. P. Bachem Verlag
Ursulaplatz 1
5000 Köln 1

Viele haben das in der Vergangenheit getan, und zumindest bei den Neuauflagen der entsprechenden Bände konnten diese Änderungen aufgenommen werden. Ich habe den aufmerksamen Lesern jeweils persönlich gedankt; sie werden wissen, daß sie jetzt gemeint sind. Ihnen allen aber sei an dieser Stelle noch einmal gedankt.

Danken möchte ich vor allem Herrn Willy Leson, der nicht nur über viele Jahre die Tippeltouren im Verlag J. P. Bachem angenehm betreut hat, sondern der auch selber als begeisterter Wanderer Tips geben konnte. Und danken, ebenfalls für viele Jahre der besten Zusammenarbeit beim Kölner Stadt-Anzeiger, möchte ich Rolf Elbertzhagen und Dieter Fitzau. Sie haben mich am Anfang auf den Weg gebracht, weil sie mich als Autor kannten, nicht als Wanderer. Und es gäbe keine Tippeltouren ohne sie. Ihnen ist der Band daher gewidmet.

Peter Squentz

Tippeltour 1:

Heimatland der beiden Dietriche

„Gefühl ist alles", sagte Goethes Heinrich Faust, „Name ist Schall und Rauch." – Doch der Volksmund weiß es besser: „Nomen est omen." – Die edle Frau von Brühl auf Herrenbrohl im Bröltal machte sich vor Zeiten schon die vielzitierte Weisheit des römischen Schriftstellers Plautus zunutze und zog sich mit Gefühl für Namen mutig aus der Klemme. Die sah vereinfacht so aus: Nach sieben Jahren Kerker fern im Sarazenenland war Dietrich, Herr von Brühl, auf wunderbare Weise freigekommen und nach Hause, wo ihn aber niemand mehr erkannte, nur zwei alte Rüden. Außerdem war jedermann mit Vorfreude beschäftigt, denn die Herrin hatte sich nach sieben Trauerjahren einem alten Freund versprochen, Dietrich, Herr von Auen. Fast stand sie schon als Witwe, die sie gar nicht war, vor dem Altar, als sich der Ehemann ihr heimlich offenbarte.

Manch einer wäre nun gewiß verzweifelt, doch nicht die Frau von Brühl; sie fand für ihr Problem auch gleich den Schlüssel, und mit gewagter Metaphorik sprach sie so zu jedermann: „Wenn jemand einen guten Dietrich, mit dem er lange Jahre seinen Schrein geschlossen hat, verliert, sich einen neuen machen läßt und, ehe er diesen noch gebraucht hat, den alten, lange gesuchten und vermißten wiederfindet, – welcher von beiden Dietrichen wird ihm wohl lieber sein und welchen wird er fernerhin gebrauchen?"

Natürlich war die Antwort klar: „Das muß der alte Dietrich sein!", rief neben allem Volk sogar der ahnungslose neue; der lang vermißte Ehemann trat auf und stiftete zum Dank gleich eine Kirche; und selbst der unbenutzte Dietrich gratulierte herzlich Schloß und Schlüssel. Er mochte sich auch damit trösten, daß er ja, wie jeder Dietrich, immerhin ein Passepartout war.

Gleich unter Dietrichs Kirche beginnt für heute unser Weg. Wir sind in Schönenberg im Bröltal, von hier aus sind es tausend Meter bis nach Herrenbrohl, bis Longdendale in umgekehrter Richtung 621 Meilen. Das liegt in England, und von dort stammt auch die leuchtend rote „telephone box", wo wir den Weg beginnen.

Wir wandern auf der Talstraße zurück in Richtung auf das alte Rathaus, dann nehmen wir beim Gasthaus „Gräff" die „Wingenbacher Straße", kommen über den Waldbrölbach an der Schule vorbei und mit der Straße rasch zum Ort hinaus. Im Linksknick halten wir uns rechts und folgen dem Fahrweg nach Rose hinauf. Dort finden wir gegenüber von Haus 5 das Andreaskreuz des Wanderwegs 9 und wandern auf dem Asphaltweg rechts hinab in eine Mulde. Beim Bachlauf mit der Gabelung dahinter verlassen wir schon wieder den markierten Weg, wenden uns jenseits des Baches nach links und nehmen den Fahrweg nach Kuchem. Bald sind wir oben auf der freien Höhe mit Weideland zu beiden Seiten. Hinter der Hochspannungsleitung fällt das Gelände wieder ab, dann kommen wir nach Kuchem, ein locker auf dem Hang verteiltes Dorf, das 1436 Cucheim hieß, wodurch es als das Heim eines Kurt oder Korl zu erkennen ist und jede Ähnlichkeit mit Kuchen und dergleichen ausgeschlossen. Von rechts stößt der Rundweg „A 3" auf unseren Weg, und gemeinsam kommen wir an die Marienkapelle an der Straße.

Gleich gegenüber, bei der Eisenschranke, geht es in den Wald („A 3"). Dies ist ein Ausläufer des Nutscheid, des größten Waldgebiets im Bergischen auf einem langen Höhenrücken zwischen Sieg und Bröltal. Es geht durch Mischwald aus Kiefern und Buchen, vereinzelt auch Fichten dazwischen, am Boden Moose, Gras und Farn, am Wegrand Ackerschachtelhalm. Der Weg fällt stetig ab, unten kreuzen wir ein freies Siefental und folgen weiter, leicht nach links geschwenkt, dem Weg „A 3", nun wieder sacht hinauf.

Nach etwa 500 Metern, als die Steigung zu Ende ist und das Gelände wieder abfällt, achten wir nicht auf die Holzabfuhrwege rechts und links, behalten den geraden Weg bei, entdecken, wenn auch undeutlich, an einer Buche das Zeichen des „A 3" und folgen weiter dem Weg, der uns ohne merkliches Gefälle geradeaus weiterbringt. Der Pfad ist gut und fest, nur bücken müssen wir uns, um unter Buchenästen durchzukommen. Einer Siefenmulde weicht der Weg nach links aus; dann schwenkt er am Ende nach rechts, wir kommen auf dem kleinen Dammweg hinüber auf die andere Seite des Siefens, ein Stück durch Buchenstangenwald, bei einer undeutlichen Gabelung halten wir uns geradeaus und stoßen gleich darauf auf einen breiten, festen Weg mit einer Gabelung zur Linken. Rechts finden wir hier einen Platz zur Rast am Scheitelpunkt des Weges, einen großen Holzbock von massiven Stämmen mit einer Holztafel darüber: „So manchem braven Bauersmann/der Schweiß von seiner Stirne rann/wenn er an diese Stelle kam/die Last von seinem Rücken nahm./Ein'n Sack voll Korn schleppt er allein/zur Mühle hin nach Herrenstein./Auf diesen Bock stellt er die Last/ er reckte sich und machte Rast." – Heute rasten hier die Wanderer auf den Bänken daneben. Wir folgen weiter dem Weg mit den Wanderzeichen, bei einer Gabelung nach etwa hundert Metern halten wir uns links, vorüber an der Eisenschranke; und wo sich dahinter der Weg noch einmal gabelt, folgen wir links dem breiten Weg „A 4" im lichten Buchenwald bergab.

Ein Siefenlauf begleitet uns zur Linken. Als wir nach etwa einem Kilometer den Grund des Wasserlaufs erreichen, verläßt uns der „A 4" nach links und führt hinüber; wir wandern diesseits der Geländekerbe weiter, am Rand der Böschung geradeaus. Bald ist der Siefen abgrundtief von uns entfernt, und dennoch steigt der Wald dahinter steil mit Fichten in die Höhe. Rechts liegt die Grauwacke des Wisselsteins zutage. Als dann der Weg nach rechts knickt, tritt die Flanke gegenüber zurück, wir erreichen das Bröltal an der Brücke mit der alten Herrensteiner Mühle dahinter. Das Wasser gurgelt abgrundtief unter dem Übergang, da müßte es schon mit dem Teufel zugehen, wenn hier der Volksmund nicht ein Stückchen zu erzählen hätte. Und hat er auch, es kommt sogar der Teufel darin vor: Die Mühle bauten einst zwei Brüder, die waren in Physik nicht so bewandert wie in

Rast im Wald

Metaphysika. Die Brücke wollte ganz und gar nicht halten, erst als sie mit dem Teufel sich verbanden, ließ die Arbeit sich vollenden. Der Teufel freilich hatte sich die Seele dessen ausbedungen, der seinen Wunderbau als erster überqueren würde. So jagten sie ihm einen Hund hinüber, den Teufel packte kalte Wut und dieser sich den Hund und warf ihn in die Brücke, daß ein Loch blieb, dauerhaft bis auf den jüngsten Tag und nicht zu reparieren, wie man sagt. So wäre denn das Loch noch da, und jede Kuhle im Gemäuer muß sich fragen lassen, ob wohl in ihr der Hund begraben liegt.

Gegenüber liegt Schloß Herrenstein, verhängt für alle unbefugten Wanderer mit einer Kette an der Zufahrt, denn immer noch ist Herrenstein bewohnt und immer noch von Nachkommen der alten Grafen von Nesselrode, die von hier aus ihren Wald-und Landbesitz verwalten. Am Wassergraben an der Straße hinter einer steinernen Madonna liegt der feste Wirtschaftshof, das Burghaus selber, 1370 urkundlich erwähnt als „huys zome Steyne" und dem Graf von Berg als Lehen zugedacht, liegt auf dem Felsenkamm darüber. Wir sehen durch das Laub das leuchtend weiße Fachwerk, zur Seite gegenüber aber ist die Giebelwand als Schildmauer errichtet, an die drei Meter stark im Sockel und anfangs gänzlich ohne Fenster aufgeführt.

Wir wandern nun jenseits der Brücke im Tal des Brölbachs dem Wasserlauf entgegen („A 2", „A 6"). Nach kurzem Stück sind wir

In Herrenstein

schon wieder hoch über dem Wasser und entfernt von der lärmenden Straße. Gut neunzig Jahre lang, von 1862 bis 1953, verkehrte unten eine Schmalspurbahn, zunächst mit Pferden vor den Wagen, danach mit Dampfbetrieb und unerhörten achtzehn Stundenkilometern, nach 1914 dann mit Dieselkraft. Anfangs wurde Eisenerz von Schönenberg nach Hennef transportiert, später obendrein auch Passagiere – und anfangs ganz umsonst. Seit 1953 fährt nur noch der Bus.

Wir kommen bald an einem Wehr vorüber, noch einmal führt der Weg hinauf in der Böschung des Brölbachs, dann erreichen wir beim Flecken Tüschenhohn den Querweg, der uns links über die Brücke und nach Bröleck führt. Wir kreuzen hier die Brötalstraße und folgen geradeaus dem Fußweg, vorbei am „Café Fröndgen" und der „Bauernschänke" gegenüber; dann nehmen wir die Straße „Felderhoferbrücke" rechts und gleich darauf den Fahrweg „Bernauel" zur Linken Richtung Jünkersfeld.

Der Weg ist hier durch ein Dreieck markiert, wir kommen höher und zum Ort hinaus und weiter bis nach Jünkersfeld. Hier wandern wir in der Rechtsbiegung am Kruzifix von 1884 vorbei und weiter auf dem Höhenrücken zwischen Bröl- und Waldbrölbach. Bei der Kreuzung haben wir dann Schönenberg erreicht, im Halbrund von Zypressen steht auch hier ein Kruzifix. Hier halten wir uns rechts (weißes Dreieck), am Friedhof vorbei und am Kloster und geradewegs zur Wegespinne vor dem Gasthaus „Berghof". „Am Kirchberg" heißt der Weg, der uns hinauf zur Kirche St. Maria Magdalena bringt. Von der rührenden Legende um den doppelten Dietrich ist freilich nichts mehr zu entdecken, der Kirchenbau stammt größtenteils von 1866, und für den Vorgänger sind urkundlich die Herren Scheidt gen. Welschpfennig als Stifter überliefert, im sechzehnten Jahrhundert die Herren auf Herrenbroel.

Wir kommen um die Kirche herum und finden auf der Chorseite ein archaisches Grauwackekreuz von Wilhelmus Selbach; hier folgen wir dem schmalen Weg mit Holzgeländer in die Böschung, kommen so um den Felsen herum und bei der kleinen Muttergottesgrotte schließlich hinab an die Straße. Von Dietrich ist hier nichts geblieben als der Name für den Ort: Denn als er aus dem Sarazenenland auf wundersame Weise in die Heimat kam, nur einen Kilometer weg von Herrenbröl, doch nicht am Wasser, sondern schön auf einem Berg, da kannte er die Stätte nicht und gab ihr dankbar jenen Namen, der geblieben ist bis heute: Schönenberg.

Von Schönenberg nach Herrenstein im Bröltal

Weglänge: ca 12 km

Anfahrt:
Autobahn A 3 bis AS Hennef, dort B 478 in Richtung Waldbröl.
In Schönenberg hintr der Linksbiegung Parkplatz am Logdendale-Platz. Tagsüber mit dem Bus 530 (VRS) von Hennef-Bhf.
werktags stündlich, samstags anderthalbstündlich, sonntags
alle zwei Stunden nach Schönenberg.

Wanderkarte:
Ruppichteroth 1 : 25 000 oder Naturpark Bergisches Land Südteil 1 : 50 000

Wanderweg:
In Schönenberg ab Gasthaus „Gräff" Wingenbacher Str. folgen;
im Linksknick rechts nach Rose. Bei Haus 5 rechts mit Andreaskreuz (Wanderweg 9) bis in Mulde, bei Gabelung hinter Bachlauf links und nach Kuchem, bei Marienkapelle an die Straße.
Gegenüber in den Wald („A 3"), unten Siefen kreuzen und wieder steigen, nach 500 m trotz anderer Wege Richtung beibehalten, weiter „A 3". Vor Mulde Linksschwenk und auf Querweg.
Rechts Rastplatz, nach 100 m Gabelung, hier links und diesseits des Baches (anfangs „A 4") bis Herrenstein. Von Herrenstein zurück über die Bröl und flußaufwärts („A 2", „A 6") bis
Querweg. Links über die Brücke und hinauf nach Bröleck.
Straßen „Felderhoferbrücke" und „Bernauel" rechts folgen
durch Biegung bis Jünkersfeld und weiter bis zur Kreuzung.
Rechts mit Dreieck zurück.

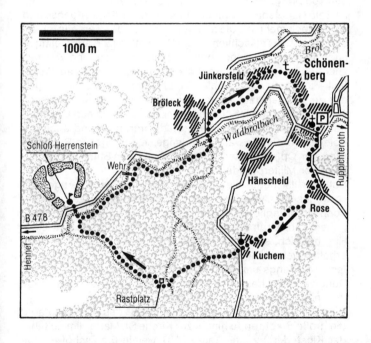

Tippeltour 2:

Bergisches Idyll

„Der Krieg gibt Solingen Leben, wie er jeder anderen Gegend den Tod bringt", schrieb 1810 ein polnischer Besucher, Soldat im Sold Napoleons: „Solingen fürchtet den Frieden ebenso und sogar noch mehr, als die anderen Fabriken des Kantons ihn ersehnen …". – Tatsächlich waren Bajonettspitzen aus Solingen auch fern der Wupper hochgerühmt. Und dennoch war das leichtfertige Bonmot bloß auf Wirkung bedacht, nicht auf Wahrheit – und schon gar nicht hieb- und stichfest wie die Klingen aus der Klingenstadt. Als dann zudem die Kriege unpersönlich wurden, geriet auch Solingen unter die Opfer: In den Bombennächten 1944 ging die ganze Stadt zugrunde. Und auch der Pole mit der Pointe war schon lange seiner eigenen Begeisterung zum Opfer gefallen: Er starb durch einen Sturz vom Pferd – bei einer Militärparade.

Solingen ist heute als moderne Großstadt wiederaufgebaut, verwechselbar, wenn auch mit bergischen Reminiszenzen. Wer noch Ursprüngliches entdecken will, muß in die Randbezirke gehen, nach Gräfrath etwa, in den Norden der Stadt, so wie wir. Hier hat sich, schön wie selten, noch das alte Bild der Stadt erhalten, verwinkeltes Fachwerk im Schatten der Kirche, Schieferfronten rings um den Markt. Wo also könnten wir unseren Rundweg wohl besser beginnen als hier, im Herzen der Stadt, mitten auf seinem „Historischen Marktplatz"?

Vom Brunnen folgen wir dem Zeichen „S" des „Klingenpfads" die große Stadttreppe hinauf zur Kirche St. Mariä Himmelfahrt, der Klosterkirche alter Tage. 1187 weihte Erzbischof Philipp von Köln die Abtei Greveroide, die bald zum Zentrum der gesamten Gegend wurde.

Geschützt in einer Mulde unterhalb wuchs bald die Stadt. Darüber stand gebieterisch die Kirche, und als sie bei dem Brand von 1686 ein Raub der Flammen wurde, nutzte man die Chance, die in der Katastrophe auch zu sehen war, und steigerte den Neubau 1690 zu barocker Pracht. Das blieb etwas fürs Auge, dem Glauben half es wenig: Die Bürger waren schon zuvor dem Papst davongelaufen, Gräfrath wurde protestantisch, das Kloster sank zum Damenstift. Glaubt man der Überlieferung, so

Historischer Marktplatz in Gräfrath

ist der Kirchturm damals brennend die Treppe hinunterge-
stürzt. Die Bürger in den Häusern an den Stufen suchten schon
ihr Hab und Gut zu retten, nur einer nicht, der alte Olf. Er sagte,
diesmal werde nur die Kirche niederbrennen – und so kam es
auch. Da mochten dann die letzten Zweifler endlich auch an
Luthers Lehre glauben.

Oben nehmen wir uns Zeit für die Besichtigung der Kirche mit
den barocken Schmuckaltären, dann folgen wir dem Klingenpfad, vorüber an der Kirche, vorbei auch an den Stiftsgebäuden
von 1704, in deren Keller einst die Nonnen lebend eingemauert
wurden, wenn sie statt des Bräutigams im Himmel schon auf Er-
den einen zugelassen hatten, wie es heißt. Hier befindet sich
seit 1990 das Deutsche Klingenmuseum.

Auf der Straße halten wir uns rechts und wandern links, noch
vor der Einmündung der „Gerberstraße", dann durch die Park-
anlage. Dies ist die „Gräfrather Heide", ein schmaler Streifen
Wald im Quellgebiet der Itter mit kleinen Teichen für die Schwä-
ne und die Enten. Der feste Fußweg führt hinauf, am Ehrenmal
vorüber, dann vorbei am Tierpark „Fauna". Hunderte von Tieren
gibt es drinnen zu bestaunen, die gefiederten darunter sind hier
draußen schon zu hören. Als wir neben dem Parkplatz die
Straße erreichen, folgen wir ihr hundert Meter weit nach
rechts, dann nehmen wir den „Flockertsholzer Weg" nach links,
zur Jugendherberge hinüber und zum alten Exerzierplatz, der
nun Sportplatz ist und bloß noch „Exerzierplatz" heißt, weiter
Weg „S".

Linkerhand, am Rand des Platzes, liegt der alte Inze-Turm, der
Wasserturm von einst, errichtet von Professor Inze auf dem
höchsten Punkt von Solingen. 276 Meter hoch liegt schon das
Fundament, darüber erhebt sich der blättrige Turm mit einer
Kuppel über allem, schön wie der Dom von Florenz. Pläne gibt
es viele, das alte Bauwerk zu erhalten: Restaurant, Museum, mal
für Wasser, jetzt für Münzen – doch vorerst wird der Turm nur
alle Tage brüchiger.

Vor uns fällt das Land nun ab zur Wupper, gegenüber, fern, liegt
Remscheid auf der Höhe. Der Weg hinab ist bald gesäumt von
Linden, am Rand zum Flockertsholz kommen wir an einer Hofanlage vorüber, dann folgen wir dem Flockertsholzer Bach auf
schmalem Pfad hinab („S", „A 3"). Wo von rechts ein Zulauf in
den Bach fließt, kommt bei einer kleinen Teichanlage ein
Asphaltweg ebenfalls von rechts, ihm folgen wir ein Stück nur
geradeaus, nach 150 Metern weisen uns die Zeichen rechts in
die Böschung und in einer doppelten Kehre hinauf in den

Inzes Turm

Eichenwald der Wupperberge. Bald geht es durch ein Fichtenstück, dann wandern wir für lange Zeit auf dem bequemen Weg
auf halber Höhe in der Böschung; zum Fluß hinunter stehen
Fichten, oberhalb des Weges lichter Eichenwald.
Später wird mit Birkenwald und Eichen der Blick nach unten
frei, wir sehen den Fluß in der Biegung mit der Schnellstraße am
Ufer, gegenüber ragt der Cronenberger Kirchturm in die Höhe.
Dann entfernt sich unser Weg vom Wuppertal, wir folgen weiter
unserer Markierung, nicht dem breiten Weg im Scheitelpunkt
der Kehre, sondern links dahinter einem schmalen Weg, wieder
in die Böschung und im Fichtenwald hinab. In Serpentinen
steigen wir bis an den Unterholzer Bach, kreuzen ihn und folgen
ihm ein Stück auf seinem Weg zur Wupper, bis uns knapp
200 Meter später die Zeichen wieder rechts hinaufschicken,
weiter auf dem Klingenpfad, nun durch das raschelnde
Buchenlaub.
Noch einmal geht es durch ein Fichtenstück, dann verläßt uns
der Weg „S" nach links, führt abwärts in die Böschung und folgt
dort dem Verlauf der Wupper; wir steigen hier halbrechts hinauf, überqueren gleich einen breiteren Weg und steigen weiter
aufwärts bis zum Waldrand (schwach markiert: „A 3"). Am
Hochsitz folgen wir noch geradeaus dem Waldrand und hinauf,
erreichen, wo der Wald dann auch zur Linken endet, eine Weide

und halten uns hier rechts und 50 Meter später links und zwischen Weiden vollends auf die Höhe mit dem herrlichsten Blick. Dies alles, was hier vor uns liegt, ist Solingen – seit 1929. Damals wurden Gräfrath, Ohligs, Wald und Höhscheid eingemeindet, Solingen zur Großstadt. Seither ziert ein Mauerrand das Wappen, fünf Zinnentürme für die fünf Gemeinden – dazu das hehre Motto „Soli deo glora". Das heißt zunächst bloß „Gott allein die Ehre", doch sollte es ein Zufall sein, daß in dem Wahlspruch auch der Anspruch Solingens enthalten ist, dazu der Name mit den ersten Lettern: „Solingen" genauso wie „solide"?

Wir steigen weiter auf in Richtung Ketzberg mit der weißen Kirche; bei der Kreuzung der Fahrwege folgen wir dann dem „A 3" nach rechts, in Richtung auf den fernen Inze-Turm. So kommen wir gleich in den Flecken Unten zum Holz, der seiner Geister wegen einst gefürchtet war. Hier wandern wir bei der Gabelung rechts, sorglos durch den Ort, am Mist vorüber und nach etwa 70 Metern links und dann mit dem „A 3" zuletzt zwischen Garagen hindurch und weiter längs der Hecke durch das freie Feld.

Als wir wieder auf die „Lützowstraße" stoßen, halten wir uns rechts und folgen bei der Kreuzung dann der Straße links in Richtung „Heider Hof".

Unterwegs

Die Straße bringt uns wieder an den Ort heran. Nach einem halben Kilometer kommen wir an Wohnhäusern vorbei, dahinter, vor dem grünen Gürtel mit dem Spielplatz, folgen wir dem Fußweg links, kreuzen dann die „Katharinenstraße" und folgen der „Melanchthonstraße" durch den Ort, vorbei an anderen, die mal nach Hutten, mal nach Zwingli heißen.

Am Ende überqueren wir die „Wuppertaler Straße" (B 224) und mit ihr die Schienen dahinter; links liegt mit Turm das Rathaus aus der Zeit der Eigenständigkeit. Wir kommen gegenüber in die Straße „Ziegelfeld" und folgen rechts dann dem Weg „N", am Friedhof entlang, an den Schienen vorbei. Bald kommen wir an Kleingärten vorüber, bis wir bei einer alten Unterführung hinuntersteigen und auf einen Fahrweg stoßen. Rechts ginge es zurück nach Gräfrath, wie wir sehen; wir folgen dem Sträßchen nach links, zum Ort hinaus, nach 700 Metern an die Häuser „Mühlenbusch" heran. Hier verlassen wir die Straße in der Biegung und wandern bei den letzten Häusern geradeaus und auf die Höhe und kommen zwischen Weidezäunen dann hinab ins Ittertal. Dort windet sich der Pfad in Eschbach zwischen den Häusern hindurch, und vor dem Bach noch, hinter der Garage, folgen wir dem Fußweg dann nach rechts. Hier sind wir wieder auf dem „Klingenpfad" („S"). So steigen wir im schönen Tal des Itterbachs gemächlich wieder aufwärts, vorbei an Ilex und an Haselnußgebüsch.

Ein Kilometer lang ist schon der Weg zurück, dann überqueren wir den Bach und steigen weiter, noch immer längs der Itter bis nach Blumenthal und weiter auf dem Asphaltweg bis an die „Oberhaaner Straße". Ihr folgen wir nach rechts, es geht durch eine Unterführung, dahinter nehmen wir das Sträßchen „Mühlenteich" nach rechts und kommen nochmals an die Bundesstraße. Durch einen Durchlaß gegenüber und die alte „Stiftsgasse" bringt uns der „Klingenpfad" dann auf die Hauptstraße von früher: „In der Freiheit". Die Freiheit, Luthers Lehre anzunehmen, schloß die Gräfrather aus ihrer stolzen Klosterkirche aus. So bauten sie sich 1718 ganz bescheiden eine neue, diese. Und hier ist unser Weg zu Ende.

Rund um Gräfrath

Weglänge: gut 12 km (ggf. 8 km)

Anfahrt:
Über A 3 bis Hildener Kreuz, dann A 46 bis Haan-Ost, dort bei der Gabelung rechts nach Solingen-Gräfrath. Bei der Einmündung der „Oberhaaner Straße" in die B 224 links und gleich rechts in den Ort („Historischer Marktplatz"). Parkplatz dort an der „Gerberstraße", ggf. auf Parkplatz an der Lützowstraße (Tierpark „Fauna") ausweichen. Mit der Eisenbahn bis Wuppertal-Vohwinkel und mit O-Bus 683 bis Gräfrath (umständlicher, wenn auch näher: bis Solingen-Ohligs mit der Eisenbahn, dann bis Solingen-Mitte und von dort mit 683).

Wanderkarte: 1 : 25 000 Solingen oder Naturpark Bergisches Land, Nordteil

Wanderweg: Mit Klingenpfad „S" Klostertreppe hinauf und an der Kirche vorbei, auf der Straße rechts, dann links durch Stadtwald hinauf: bei Tierpark „Fauna" auf der „Lützowstraße" 100 m rechts, dann links „Flockertsholzer Weg", an Jugendherberge vorbei ins Tal; im Wald Asphaltweg nach rechts verlassen und mit „S" durch die Wupperberge, über Unterholzer Bach hinweg, ein Stück dem Bachlauf folgen, dann rechts hinauf. Wo „S" links absteigt, rechts haltend auf „A 3" zum Waldrand und weiter steigen, bei Wegekreuz rechts nach Unten zum Holz, rechts in den Flecken, dann nach links hinauf und auf „A 3" weiter bis „Lützowstraße". Rechts bis zur Kreuzung, dann links Richtung „Heider Hof". Nach 500 m links über Fußweg und „Melanchthonstraße" durch den Ort (hier evtl. rechts durch „Zwinglistraße" zurück), „Wuppertaler Straße" (B 224) überqueren und jenseits der Gleise rechts („N"); neben den Schienen bis Bahnübergang, hinunter und auf Fahrweg links bis Mühlenbusch, dort Fahrweg verlassen und geradeaus und hinab ins Ittertal nach Eschbach; hier vor dem Bach rechts und auf „S" zurück, Aufstieg, nach 1 km Bach kreuzen und weiter, nach Blumenthal, dann an die „Oberhaaner Straße"; rechts, durch die Unterführung, dahinter „Mühlenteich" rechts, B 224 kreuzen und durch „Stiftsgasse" und „In der Freiheit" zurück.

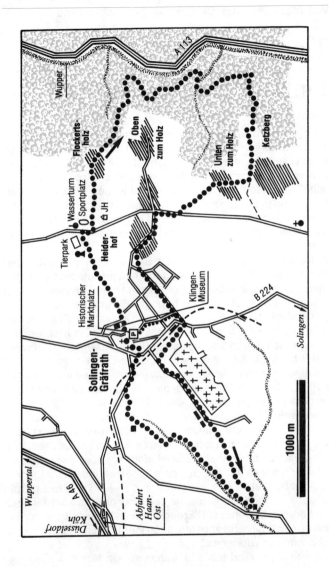

Der sehenswerte Klosterschatz von Gräfrath kann nach Absprache besichtigt werden: Franz Reffgen, Tel. 02 12/ 59 36 48. Das Klingenmuseum (Klosterhof 4) ist geöffnet Di–So 10–17 Uhr. Tel. 02 12/5 98 22.

Tippeltour 3:

Links beginnt der Abstieg

Unergründlich sind die Wege des Herrn, und zahlreich die, die zu ihm führen. Seit Luther führten nicht mehr alle über Rom, so mochte sich der rechte Weg gleich mit dem Namen zu erkennen geben als der rechte, nämlich allgemeine, also der „katholische". Das Wort war aus dem Griechischen gekommen und diente nun dazu, den Anspruch auf das Ganze zu markieren. Es blieb ein Wort, ein Ausspruch und ein Anspruch bloß: Katholisch konnte man erst werden, als man auch protestantisch werden konnte.

Im Doppel-Herzogtum von Jülich-Berg und Cleve-Markt hatten sich schon früh die Bauern an den Glauben Luthers zu gewöhnen, den ihnen ihre Obrigkeit verordnet hatte. Das war auch in der „Veste Nystadt" so, dem heutigen Bergneustadt. Das hatte seine schön bemalte Kirche ante portas, vor der Stadt, auf einem Hügel ganz allein im Dörspetal. Die „neue Stadt" war später erst gewachsen, im Schatten einer Burg und lange ohne Kirche, dafür blieb die Kirche abgelegen, ohne Dorf ringsum.

So einsam treffen wir sie noch heute an, als wir an ihrem Fuß den Rund- und Höhenweg beginnen. Nur ein paar alte Fachwerkhäuser liegen nahebei, das Pfarrhaus und das Küsterhaus. Vom Parkplatz wandern wir hinauf zur Kirche und treten ein. Weiß ist der schlichte Bau mit seinen dicken Mauern von außen wie im Innern. Doch gegenüber, im Querhaus und im Chor, sind die Gemälde aus der Frühzeit wieder freigelegt. Sie stammen, wie der Chor im ganzen, aus dem 15. Jahrhundert. Mit Luthers Lehre aber setzte sich asketisch auch sein Grundsatz durch: „Du solt/dir kein Bildnis machen einicher gleichnis/weder oben im himel/noch vnten auff Erden/noch im Wasser unter der Erden/Do solt sie nicht anbeten/noch jnen dienen." – Kein Bildnis also auch in Wiedenest!

So gab es, eifernd hier wie anderswo, ein Menetekel aus geschlämmtem Kalk: Die Wände wurden weiß gestrichen – der Fortschritt kam farblos. Erst 1932 wurden dann die alten Malereien neu entdeckt und freigelegt, seit einer Reinigung im Jahre 1987 kann man sie besser sehen als zuvor und fast so deutlich wie im 15. Jahrhundert, nun aber nicht mehr zitternd in der

Furcht des Herrn. Da hält hoch oben in der Vierung Christus schreckliches Gericht: die Guten ins himmliche Töpfchen, die Schlechten ins Kröpfchen; der Teufelrachen aufgesperrt als Höllentor für Sünder beiderlei Geschlechts und ungewisser Herkunft. Nur die Seligen sind besser zu erkennen: Bischöfe, Päpste und Mönche. So etwas konnte Luther nicht gefallen.

An Papst und Bischof glaubten erst die nächsten Herrscher wieder, die Schwarzenberger, denen nach und nach das Land rings um Bergneustadt übereignet worden war „mit allen Einwohnern", wie es urkundlich heißt, „Eisenbergwerken, Mühlen, Zinsen, Pachten" – mit allem also, was zu Geld zu machen war. Das ließen sie sich bis an ihren ersten Wohnsitz Wien expedieren, den zweiten kannten sie fast nur vom Hörensagen. Die Schwarzenberger waren gut katholisch und hätten sich wohl gern damit geschmückt, ihr Land zurückgeführt zu haben zu dem wahren Glauben, doch 1630 war es dafür schon zu spät: Oberberg blieb evangelisch, die „bonten Kerken" blieben weiß, und in dieser hier sind die Pastoren der evangelischen Gemeinde seit 1605 in Folge aufgezählt.

Wir wandern von der Kirche auf die schönen Fachwerkhäuser zu, vorbei am alten Schulhaus oberhalb der Kirche und dem „heiligen Brunnen", dessen wundermilde Wasser einst berühmt für „viele wunderbare Curen" waren. Im Bogen geht es aufwärts und an die Bahnlinie heran. Wir steigen über die Gleise und folgen dahinter dem schmalen Weg geradeaus, der uns nach wenigen Metern auf einen breiten Querweg bringt.

Belmicke

Wir merken uns die Stelle für den Rückweg, dann halten wir uns links und wandern nun bequem am Rand der Böschung („A 1", „A 2"); es geht zunächst durch Fichtenwald; wo links der Wald dann endet, nach gut 250 Metern, nehmen wir rechts den Weg in der Böschung bergauf, markiert durch einen halben Bogen (auch „A 1" und „A 2", diese Zeichen sind aber für die umgekehrte Laufrichtung vorgesehen). Beim Steigen kreuzen wir bald einen Querweg und steigen weiter im Zeichen des Bogens, bis wir oben, nach einem Knick nach rechts, eine Wegespinne auf der Höhe finden.

Die Schilder zeigen links und rechts nach Belmicke und nach Bergneustadt; wir überqueren nur die Höhe und wandern geradeaus in Richtung Altenothe. Der Weg führt abwärts (weiterhin „A 2"), nach zweihundert Metern, am Ende einer Wiese rechts, wenden wir uns rechts in spitzem Winkel und wandern weiter auf dem Wiesenweg bergab. Es geht durch Fichten und durch abgelegene Idyllen, ein Siefen glitzert vor uns in der Sonne. So stoßen wir zuletzt auf einen festen Weg in einer Serpentine und wandern weiter, unten mit dem Fahrweg durch den Ort.

Dies ist Brelöh, ein langgestreckter Flecken; am Ende überqueren wir den Othebach und stoßen mit der Straße „Töschenwiese" auf die Talstraße „Hilgesbicke". Ihr folgen wir 250 Meter nach links („A 1"), dann dem Asphaltweg rechts im kleinen Weidetal hinauf. Ein Wasserlauf ist hier gestaut zur Teichanlage, dahinter weist uns das Zeichen „A 1" nach links und mit der Kehre durch die Mulde. Hier leben, wie wir lesen, Galloways, Bergrinder, schottisch, zottig, dösend in der Sonne. Für etwa einen Kilometer folgt unser Weg nun ohne merkliche Steigung den Formen des Geländes, wir hören unter uns die Straße und stoßen endlich, immer noch auf dem „A 1", auf eine zweite Straße, die linkerhand ins Tal führt. Hier halten wir uns rechts, kommen an den Häusern von Geschleide vorüber, wo uns der „A 1" nach rechts verläßt, und steigen mit der Straße auf, bis wir ins Freie kommen und oben auf die freie Kuppe.

Schwach hören wir die Mittagsglocken und sehen fern den Turm von Belmicke, unser Ziel. Ehe das Gelände wieder abfällt, erreichen wir auf der Höhe den Wanderweg 3 (Raute) und folgen ihm hier links in einen Fahrweg. Am Mast der Stromleitung führt nach etwa hundert Metern ein Weg hinab nach Neuenothe, wir aber bleiben auf der Höhe bis nach Belmicke. Scharf pfeift der Wind über das Weideland, noch einmal kommen wir durch ein Stück Wald und dann heran an den Weiler Hecke. Bei dem Wegekreuz über dem Ort halten wir uns geradeaus, weiter mit

Der Wanderweg

der Raute, vorbei an Hecke und vorbei an einer riesenhaften
Eiche, dann weiter sacht bergauf, wo eine Baumgruppe zuletzt
den Höhenkamm markiert: 465 Meter sind wir hoch, als wir das
Wegekreuz erreichen, dessen Richtungen zahlreich beschildert sind. Hier halten wir uns links und folgen weiter dem
Wanderweg 3 bis nach Belmicke.
Der Weg läuft am Waldrand entlang, rechts liegen in der freien
Senke einsam zwei Höfe. Wo wir dann den lichten Wald erreichen, wandern wir für eine Zeitlang auf der Grenze nach Westfalen. Es geht nun sacht bergab, bei einer Wegespinne weiter
geradeaus, zuletzt durch hohen Fichtenwald und dann zum
Wald hinaus. Hier haben wir nun weite Blicke in das Sauerland
wie vorher über die Buckel des Oberbergischen. Rechts ragt
ein großer Kirchturm aus dem Tal: Das ist die alte Hansestadt
Drolshagen; die Kirche wurde 1075 von Erzbischof Anno geweiht.
Beim Weiterwandern wächst dann links der schlanke schiefer-
graue Turm der Belmicker St.-Anna-Kirche aus dem Boden und
bald der ganze schöne Ort. Der Heiligenname verrät uns, daß
die Kirche dem katholischen Glauben geweiht ist. Auch Belmik-
ke gehörte und gehört in jenen Teil von Oberberg, der binnen
zwanzig Jahren im Jahrhundert Luthers den neuen Glauben
übernahm. Doch damals gab es keine Kirche auf der Höhe, und
wenn der Glaube, wie es heißt, auch Berge versetzt, so doch
nicht die vor dem Dörspetal. Bequemer war der Kichgang doch
ins Herzogtum Westfalen, zu St. Clemens in Drolshagen, und
weil Westfalen gut katholisch war, blieb Belmicke es auch.

Subtile Glaubensfragen plagten überdies kein Volk von Handwerkern und Bauern. Die beteten ihr Vaterunser und achteten den Pfarrer als studierten Mann. Zudem war selbst am Zölibat der real existierende Katholizismus damals nicht immer zuverlässig zu erkennen; oft stellten Kirchenrevisoren fest, Kaplan und Pfarrer „haben beide concubinam und proles", Geliebte und Nachwuchs, ansonsten aber sei man „mit der leer zufridden".

Wir kommen an die Straße heran und wandern links bis an den Ort. Hier finden wir das „Schwedenkreuz" für Peter Butz – unter all den unbekannten Toten des Dreißigjährigen Krieges ein bekannter aus dem Schwedenfeldzug 1635: erst setzte man ihm diesen Stein, dann benannte man nach ihm auch eine Straße. Hier halten wir uns links und folgen der Straße „An der Burg", am Friedhof vorüber und dann nach rechts zur Kirche. 1734 wurde hier eine neue Gemeinde gegründet, zwei Jahre später hatte man schon eine eigene Kapelle, doch 150 Jahre später war die wiederum zu klein: so wurde 1897 neu gebaut. Wir schauen uns im Innern die Holzfiguren an, Christophorus und Anna Selbdritt, eine Plastik ungefähr von 1480.

Vom Westturm wandern wir dann weiter, kommen links hinab zum Gasthaus „Olek" und wieder auf die Straße „An der Burg" nach rechts und mit der „Annastraße" dann zum Ort hinaus. Gleich überqueren wir die große Straße, folgen gegenüber nur

Schwedenkreuz

ein Stück der „Petersbergstraße" in Richtung auf die Loipe und
dann gleich links dem „Zwerstaller Weg" mit dem „A 4". Beim
letzten Haus (Nummer 16) steigen wir nach rechts den Wirtschaftsweg hinauf, und vor dem kleinen Waldstück links beginnt der lange Abstieg.

Auf der Grenze zu Westfalen

Wir folgen dem „A 4", bald kommt von links ein Weg und führt
mit unserem weiter. Links fällt mit Fichten das Gelände ab, wir
wandern geradeaus mit der beleuchteten Loipe; bei einer Ga-
belung verläßt uns der „A 1" nach rechts, wir steigen nun im
Fichtenwald weiter sacht bergab. Bald verläßt uns auch der
„A 4" nach links in den Wald; wir folgen weiter dem gestreuten
Weg, vorüber an den beiden Abzweigungen des Rundwegs
„A 5", bis wir unten bei einer Schutzhülle einen Fahrweg erreichen. Hier halten wir uns hundert Meter links in Richtung
„Neuenothe", dann steigen wir am Rand der Weide nach rechts
hinab, halten uns noch einmal rechts und wandern so im weiten
Linksbogen um die Talsenke herum.
Unter uns, jenseits der Weiden, liegt im Talgrund Altenothe. So
erreichen wir im Fichtenwald die Wegespinne, bei der wir heute
morgen aufgestiegen sind, und folgen wie zuvor dem halben
Bogen rechterhand ins Tal hinab, dann unten links und nach
dem Scheitelpunkt der Biegung rechts zurück zur Wiedenester
Kirche.
So tief im Tal liegt sie nun ganz im Schatten. Nur der Hahn
sprüht in der letzten Sonne wie ein leuchtendes Signal für Luthers Lehre. Wir wissen es: Er schreitet stets nach Osten. Doch
täuschend ähnlich seinem wechselhaften Vetter Wetterhahn,
ist er in Glaubensdingen wohl ein eher problematisches
Symbol.

Von Wiedenest nach Belmicke im Bergischen Land

Weglänge: ca 14 km

Anfahrt:
Autobahn A 4 bis AS Reichshof/Bergneustadt, der Beschilderung bis Bergneustadt folgen und auf B 55 rechts. Am Ortsende vor dem Linksknick rechts „Martin-Luther-Straße" und rechts zum Parkplatz an der Kirche. Mit der City-Bahn bis Gummersbach und mit Linie 301 des VRS (sonntags nur alle zwei Stunden) bis Haltestelle „Bibelschule" (Auskunft 0 22 61/2 10 41–45)

Wanderkarte:
Bergneustadt 1 : 25 000 oder Naturpark Bergisches Land Nordteil 1 : 50 000

Wanderweg:
Von der Kirche an Fachwerkhäuser und Bahnlinie heran, Bahn überqueren bis breiten Querweg. Links („A 1"), nach gut 250 m rechts in der Böschung aufwärts (Bogen als Markierung), Querweg kreuzen bis auf Wegespinne oben. Geradeaus Richtung Altenothe („A 2"), nach 200 m rechts hinter der Wiese abwärts bis Brelöh. Dort weiter bis Talstraße „Hilgesbicke" und 250 m links, dann rechts Asphaltweg „A 1" hinauf, bald links mit „A 1" um die Mulde herum. Nach ca. 1 km mit „A 1" auf Straße rechts nach oben steigen. Auf der Höhe Wanderweg 3 (Raute) links folgen, auf Höhe bleiben. An Weiler Hecke vorüber bis Wegekreuz, links „A 3" bis Belmicke. Dort zur Kirche. Vom Westturm mit Straße „An der Burg" und mit „Annastraße" zum Ort hinaus. Umgehungsstraße überqueren, weiter mit „Petersbergstraße" und gleich links „Zwerstaller Weg" („A 4"). Bei Haus 16 rechts hinauf und vor Waldstück links, Abstieg anfangs mit „A 4". Wo „A 4" links in den Wald schwenkt, weiter auf gestreutem Weg bis Fahrweg mit Schutzhütte. 100 m links in Richtung Neuenothe, dann am Weidenrand rechts hinab und im Linksbogen um Talsenke herum bis zur Wegespinne vom Beginn (s. o.) und zurück auf demselben Weg.

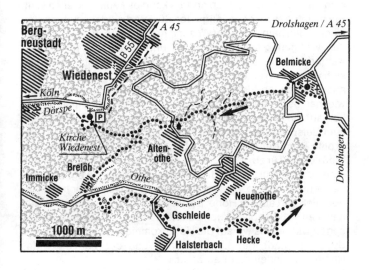

Bei Schnee bietet Belmicke (auch mit dem Auto zu erreichen) Rodelmöglichkeiten und Loipen.

Tippeltour 4:
Prima Fernsicht

Die ersten kamen aus Köln und der Deutzer Abtei. Beweisen läßt sich das nur schwer, doch anders kann es kaum gewesen sein. Sie rodeten die Höhen längs der Sülz und siedelten in Mulden wenig unterhalb – nah am Wasser, nah auch an den Höhenstraßen, weit genug entfernt von Wind und Wetter. Das Tal der Sülz war jeder Laune der Gewässer ausgeliefert, hier oben aber ließ sich leben. Und einen letzten Vorteil gab es obendrein: Von hier aus konnte man hinüberschauen bis zum Rhein, nach Hause, wie man das wohl anfangs nennen mochte, vom kleinsten Flekken auf die größte Stadt von hier bis zu den Alpen. Wenn sich, zum Beispiel, dann herumsprach in der Gegend, daß dort der größte Dom der Welt im Bau begriffen war, so brauchte man bloß vor die Tür zu gehen, um zu sehen, daß es stimmte. So hatte eines von den ersten Dörfern gleich den Namen weg: Lüghausen – nicht weil dort gelogen wurde, aber weil es sich gut „lugen" ließ dort auf der Höhe. Daran hat sich nichts geändert: Hier sah man 1880 endlich auch den Kölner Dom mit Türmen, und so sehen wir ihn, als wir auf die Höhe kommen, gleich im Spiegel, dazu die Stadt, das Land dahinter und das ganze Tal des Rheins, besiedelt dicht an dicht.

Hier oben hat sich seit dem Mittelalter nicht so viel verändert, die kleinen Weiler in den Mulden sind geblieben, so führt uns unser Weg von Hof zu Hof. In „Georgshof" beginnen wir. Hier folgen wir dem Fahrweg gleichen Namens und dem Winkel des Wanderwegs in Richtung seiner offenen Seite. Es geht an ein paar schönen Häusern vorüber, am Ende hinter dem stattlichen Fachwerkbau mit dem Fahrweg Richtung Hoffnungsthal nach links. Hier haben wir den Dom erneut vor Augen, links obendrein die sieben Berge. Es geht ein Stück an Wald vorüber, dann fällt der Weg ins Tal des Kupfersiefens ab, vorüber an der Abzweigung nach Fußheide und weiter hinab, vorbei auch an der Hofstatt Kupfersiefen.

Die Reste von Bauten im Bachtal verraten wie die Namen Kupfersiefen, Rotenbach und Bleifeld, daß wir hier in einem Erzgebirge wandern. Als wir den Talgrund erreichen, fliegt ein Reiher auf und streicht davon. Wir folgen hier noch vor dem Bach

zur Linken rechts dem Fahrweg nach Großhecken. Oben geht
es durch den Flecken auf die Höhe, in den Wind und an die Straße heran. Gegenüber folgen wir der Sackgasse nach Kleinhek-
ken (Weg „K"), halten uns rechts und kommen an scharrenden
Hühnern vorüber, längs einer Reihe von Pappeln sogleich zum
Ort hinaus. Den Weg begleitet hier ein Siefen, der bald zu Fisch-
teichen gestaut ist. Unten, wo der Weg sich gabelt, halten wir
uns links, kommen über einen zweiten Wasserlauf hinüber und
steigen nun schon wieder an, am Waldrand und am Weidezaun
entlang. So kommen wir nach Schiefelbusch („K"). Hier halten
wir uns links und folgen dem Fahrweg hinauf auf die Höhe, vorbei an Höfen rechts und links.

Oben geht es mit der Straße rund hundert Meter nach rechts,
dann folgen wir halblinks dem Fahrweg nach Schnellhaus
(„A 4") mit schönen alten Häusern und Hühnern auf der Straße.
Noch immer steigen wir ein wenig an, bis wir die schönste Fern-
sicht haben: das Siebengebirge zum einen, zum anderen die
Industrie mit ungezählten Schloten.

Der Blick zurück galt einst als weniger erhebend: 1825 gab der
Mülheimer Kreisphysikus Brunner den neuen Preußen in Köln
gehorsamst Auskunft über Land und Leute. Es war ein Bild des
Jammers: „Der Bergbewohner", schrieb er, „ist nur auf seines
gleichen, den Acker und sein Vieh beschränkt und steht deshalb auf einer niedrigeren Stufe der Geisteskultur." Das war der
Blick des Städters auf die Landbevölkerung: Von Krüppeln
wußte er zu melden, von „eckelhaften" Unterkünften, von Frau-
enzimmern, die durch „wildes Tanzen", und Burschen, die

Im Aggertal

durch „Mißbrauche des Branntweins" ihre kräftige Natur zugrunde richten – als ruinierten sie sich nicht aus Armut, sondern Übermut.

Daß eigentlich das Leben auf dem Land gesünder ist, dieweil die „Städter blaß und mager besonders in Fabrikorten herumgehen": das sah er freilich auch. Der Generaleindruck blieb davon unbeeinflußt, und selbst der Bürgermeister Gammersbach aus Rösrath gab ihm recht: „Reinlichkeit am Leibe und in den Häusern ist dem gemeinen Landmann nicht eigen und schwer anzugewöhnen."

Wir wandern weiter, bis an die Höhenstraße heran, gehen etwa dreißig Meter links und folgen gegenüber dann dem Anliegerweg in die Senke („A 3"). Bald erreichen wir die ersten Häuser am Ortsrand von Honrath. Hier ist unser Weg nun die „Alte Honrather Straße". Wir wandern unterhalb des Ortes, zuletzt auf der „Rösrather Straße" nach links und bis zur „Schönen Aussicht", einem Gasthaus mit passendem Namen: fern auf der Höhe, gegenüber die Türme von Marialinden.

Rechts kommen wir nun an die Kirche heran, lutherisch seit dem 17. Jahrhundert; ihr Turm ist älter als der Dom zu Köln, und auch die Segenshand Gottvaters über dem Portal stammt aus der alten Zeit, das Langhaus wurde 1856 neu gebaut, am jüngsten ist das Dach des Turms: Das brannte 1895 ab und ließ dabei die Glocken schmelzen.

Fingerzeig Gottes

Burg Honrath

Rechts daneben dann, westlich des Westturms, Burg Honrath, ein unverhofftes Kleinod am Wege. Die Kirche nebst dem Zehnten hatte ihr Besitzer, Arnold von Hückeswagn, 1209 dem Kloster Gräfrath geschenkt, nur „das Haus aus Stein, das an den Turm grenzt", „domum lapideam, que contigua est turri", hielt er weiter in Besitz. Der schöne Bruchsteinbau, an dem der Weg „A 4" uns nun vorüberführt, stammt aus dem 16. Jahrhundert. Der Fahrweg folgt den Wirtschaftsgebäuden der Vorburg. „Windlöck" heißt der Weg nach seinem nächsten Ziel; er führt vorüber am modernen „Peter-Lemmer-Haus" das den „Reformator Hourathi" ehrt, und dann auf dem Rücken der Höhe an den Antennenmast heran, zuletzt im Rechtsschwenk an die Hofstatt Windlöck.

Hier ist der Weg ins Tal so wenig zu erkennen, daß ein Hinweis an der Hauswand nötig wurde: „Schloß Auel", steht da, rechts an der Giebelwand vorüber führt der Weg. Es geht vorbei an Wirtschaftsbauten und dann bei der Remise auf schmalem Pfad am Weidezaun entlang, am Oberrand der Siefenmulde rechts, vorbei an Laubwald, später hohen Fichten, dann sehen wir im

Talgrund die barocken Hauben von Schloß Auel. Der Weg schwenkt hier oben noch rechts in den Laubwald, dann geht es links und auf die Teichanlage zu, unmerklich aus dem Wald auf eine schmale Kastanienallee. Ehe wir an deren Ende, bei den ersten Fachwerkhäusern, rechts den Weg „A 4" verfolgen, gehen wir ein Stück noch geradeaus und schauen uns Haus Auel an. Das schöne Schlößchen von 1763 hatte 1811 Napoleon zu Gast, heute jedermann, der will und zahlen kann. Dann wandern wir zurück und links auf einer zweiten Allee von Kastanien am Rand des breiten Aggertals entlang auf das Fachwerk von Rosauel zu. Vier Buchen stehen hier rings um ein Kreuz an der Straße. Wir überqueren die Fahrbahn und folgen dann noch vor dem Hof dem Weg am Weideland entlang. Beim deutlichen Wegedreieck nach etwa vierhundert Metern halten wir uns links, auf die Häuser und die Agger zu, und ehe dann der „Kuhlfeldweg" die Talstraße berührt, folgen wir der Straße „Hammerwerk" („A 2").

Es geht am alten Hammerwerk vorüber und dann für mehr als einen Kilometer dicht an der Agger entlang, mit ihr durch den Knick nach links, um eine Siefenmündung im Bogen herum und weiter bis an die „Schiffahrter Straße", die links die Agger überquert. Hier halten wir uns rechts und folgen links dann, vor der Böschung, dem Anliegerfahrweg „Brückerhof, Hitzhof" weiter aggerabwärts. Hier sind wir wieder auf dem Wanderweg vom Anfang und folgen seinem Winkel in Richtung der offenen Seite. Der Weg führt durch den schönen Brückerhof hindurch, im nächsten Taleinschnitt nach gut zweihundert Metern an den Hitzhof heran, wo wir uns jenseits der Scheunen, an der Bö-

Motiv am Weg

schung, rechts halten und hinter dem Anwesen auf unbefestigtem Weg den Aufstieg in die bewaldete Böschung beginnen. Der Weg steigt ohne Umstände hinauf, schwenkt erst fast oben ein wenig nach links, und wo wir dann das Waldende über uns haben, weist uns der Winkel rechts auf den Waldrand zu. Für ein paar Meter gibt es keinen Weg, bis wir den Ackerrand erreichen und ihn nach rechts verfolgen, hoch über der Mulde des Siefens zur Rechten, noch höher über dem Tal der Agger, die wir stellenweise durch die Bäume gut erkennen. So kommen wir im Bogen links, jenseits des Hagerhofs, an die Straße heran. Hier scheiden sich die Wasser: Diesseits fließt noch alles in die Agger, was drüben anfällt, strebt erst in die Sülz, dann wird es Agger, Sieg und Rhein. Rechts gehen wir bis an die Kreuzung, links dann am Kruzifix der Eheleute Weeg von 1868 vorüber, auf den Umsetzer zu und bei der Gabelung links nach Muchensiefen. Beim nächsten Kreuz, nach wenig mehr als hundert Metern, kommen wir rechts nun mitten in das Dorf mit alten Fachwerkhäusern. Hinter Haus 3 mit der gestutzten Linde halten wir uns wieder rechts und gleich beim nächsten links, zwischen den Häusern hindurch,bei der Gabelung halbrechts, am Zaun entlang, zum Ort hinaus und wieder einmal in den Wald, wo unter uns ein Siefen fließt. Wo unser Taleinschnitt auf den des Gammersbachs stößt, schwenkt unser Weg nach links; wir wandern auf die Gammersbacher Mühle zu. Wir kommen oberhalb an ihr vorüber, dann rechts zurück durch die Mühlenanlage, daß uns der Hund im Zwinger Pirouetten zeigt, und vor dem Kruzifix im Talgrund wieder links, auf unbefestigtem Weg ein Stück entlang am Gammersbach.

Nach einem Viertelkilometer beginnt der letzte Aufstieg. Hier weist uns unser Zeichen nach rechts, es geht im Wald längs eines kleinen Wassers auf die Höhe; wo die Siefenkerbe sich entfernt, kommen wir zum Wald hinaus und wandern am Weidezaun entlang auf die Höhe. Links führt uns der Weg durch die Senke des Rodderhofs bis an die Linde am anderen Ende. Hier kommen wir, hinter der letzten flachen Scheune, nach rechts und auf die Höhe. Die hat ihren Namen verdient wie kaum eine zweite: Noch einmal sehen wir die ganze Kölner Bucht, die Ville dahinter, den Fernmeldeturm mit seiner neuen Spitze und den Dom mit seinen altbekannten.

Rechts geht es dann zurück zum Ausgangspunkt, wo die Bescheidenheit der ersten Siedlungen über dem Sülztal noch abzulesen ist am Namen: „Zum Häuschen" heißt hier noch das erste Haus am Platze, das einzige.

X 30. 11. 93 ca. 4 Std.

Zwischen Agger und Sülz auf der Höhe

Weglänge: ca. 16 km

Anfahrt:
Nach Rösrath, dort rechts Richtung Lohmar, Siegburg, jenseits der Sülz links den Berg hinauf Richtung Heiligenhaus, Wahlscheid; oben links, nach 300 m Start (Nähe Hotel „Zum Häuschen"). Mit der City-Bahn bis Honrath (ca. stündlich), von dort Aufstieg über Wanderweg 5 (Winkel) bis zur Kirche mit Anschluß an den Rundweg.

Wanderkarte: 1:25 000 Rhein, Sieg, Agger oder 1:50 000 Naturpark Bergisches Land, Südteil.

Wanderweg:
Fahrweg „Georgshof", hinter Fachwerkhaus links (Winkel, offene Seite), hinab nach Kupfersiefen, rechts Fahrweg hinauf nach Großhecken, Straße kreuzen, rechts durch Kleinhecken („K"), am Siefen (Fischteiche) entlang hinab, unten links, über Siefen hinweg und Wiederaufstieg („K") bis Schiefelbusch, links an die Höhenstraße. Rechts, nach ca. 100 m halblinks, an Schnellhaus vorüber, an die Straße heran. Hier 30 m links und gegenüber „A 3" in die Senke, über „Alte Honrather Straße", zuletzt „Rösrather Straße" bis an die Kirche heran, westlich an der Burg vorüber, über Fahrweg hinab nach Windlöck („A 4"), weiter nach Schloß Auel, bei Kastanienallee am Ende rechts nach Rosauel, Straße überqueren und weiter, nach 400 m links an die Agger heran, rechts Straße „Hammerwerk" aggerabwärts bis Schiffahrt, rechts, dann links Wanderweg längs des Aggertals (Winkel) bis Hitzhof; hier Aufstieg durch Wald, oben am Ackerrand entlang zur Straße, rechts bis zur Kreuzung, links und bei Gabelung abermals links nach Muchensiefen, 100 m hinter Gabelung rechts in den Ort, hinter Haus 3 rechts und gleich links und bei Gabelung halbrechts zum Ort hinaus. Durch Siefental bis Tal des Gammersbachs, links, bei Gammersbacher Mühle hinab und 250 m links; dann rechts (Winkel) Aufstieg über Rodderhof, dahinter rechts auf Höhenstraße und rechts zurück.

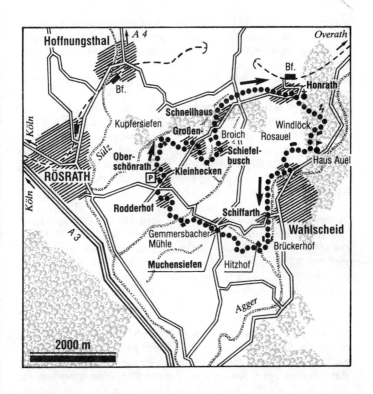

Tippeltour 5:

Am Schluß auch noch Kunst

Wenn eine Landschaft ganz besonders wohlgeraten ist, dann traut man der Natur nicht länger, sondern nennt sie „wie gemalt!" – Den Blick für Schönheit in der Landschaft hat uns erst die Kunst geöffnet: „Idylle" heißt auf griechisch „Bildchen", und das „Arkadien" der Alten war zuverlässiger im Vers zu finden als im Freien.

Genug der Vorrede: Wir sind im Westerwald, nicht in Arkadien, da pfeift der Wind so kalt, und an Idyllen denkt man ganz zuletzt! Das denkt man – aber was wir finden zwischen Weyerbusch und Mehren, das ist ein schönes Hügelland im Sonnenschein mit weiten Blicken für Genießer – und als wäre das noch nicht der unverhofften Eindrücke genug, entdecken wir am Ende eine Kunst- und Künstlerlandschaft mitten in der Landschaft, die den neuen Blick auf die Natur sogar methodisch übt.

In Weyerbusch, am Anfang, freilich wird das alte Bild vom kargen Westerwald noch einmal wachgerufen: Dort herrschten um die Mitte des vergangenen Jahrhunderts derart Not und Elend, daß der Bürgermeister einen „Weyerbuscher Brodverein" begründete, der den Bedürftigen das Brot weit billiger als üblich ließ. Später rief er einen „Hülfsverein" ins Leben, der seinen Namen jedem ins Gedächnis brachte: Friedrich Wilhelm Raiffeisen.

Wir beginnen denn auch vor dem „Raiffeisenzentrum". Die Bundesstraße 8 verlassen wir und wandern an den weißen Bauten rechts vorüber, vorbei am wiederaufgebauten „Backhaus" und dann rechts am Haus vorüber, wo der Bürgermeister damals lebte, auch vorüber noch an der Pension, die seinen Namen trägt. Selbst die Straße, der wir anfangs folgen, ehrt mit ihrem Namen seinen: Sie wurde unter Bürgermeister Raiffeisen befestigt: ein Beitrag zur Strukturverbesserung.

Dreihundertfünfzig Meter folgen wir der Straße; wo dann die „Parkstraße" nach rechts abzweigt, folgen wir dem Hinweis „Sportanlagen" und wandern links zum Ort hinaus; vorüber an den Sportstätten und in die freie Wiesenlandschaft.

Der Weg dreht sich um einen Schuppen und knickt nach links, hinunter ins Bachtal, von rechts vereinigt sich ein Wanderweg des Westerwaldvereins mit unserem (1) und führt uns an der Schutzhütte vorüber durch die schönste Wiesenlandschaft, spühend voll mit gelbem Löwenzahn. Der Fahrweg geradeaus bringt und nach Hilkhausen. Es geht im Knick hinunter auf die Talstraße; hier verlassen wir den Wanderweg, halten uns rechts, vorüber an Mist und gestapeltem Holz und über den Bachlauf hinweg, dahinter links in Richtung Hemmelzen. Gleich gegenüber der ersten Scheune zur Linken folgen wir dem Fahrweg rechts hinauf, zum Ort hinaus. Beim Steigen überqueren wir nach einem halben Kilometer einen Asphaltweg und wandern auf dem Feldweg weiter geradeaus, den flachen Bergkegel hinauf. Zuletzt begleitet uns die Stromleitung; wir kommen über einen Querweg noch hinweg, am Hochsitz vorbei und hinauf auf den Asberg mit Resten alter Steinbruchtätigkeit. 334 Meter sind wir hoch, entsprechend weit der Blick ins Land nach allen Seiten. Am Wasserbehälter vorüber, kommen wir auf Heuberg zu und an die Straße; es geht ein kurzes Stück nach rechts, dann folgen wir der „Kraamer Straße" durch den kleinen Ort, vorüber an dem Sträßchen, das sich frohgemut als „Ringallee" versteht, und weiter durch die Wiesen.

Nach einem Kilometer zweigt links der Fahrweg in die Mulde ab, nach Kraam; wir bleiben weiter geradeaus, der Weg dreht sich ein wenig links, fällt ab und bringt uns dann bei einem lichten

Westerwälder Wiesenlandschaft

In Mehren an der Kirche

Wäldchen über einen Asphaltweg. Wir wandern nochmals geradeaus auf unasphaltiertem Weg, nun auf den spitzen Turm von Mehren zu, und stoßen schließlich unten auf die Talstraße. Gleich gegenüber, gut zehn Meter weiter rechts, verfolgen wir sodann den Weg durch feuchte Wiesen mit Schaumkraut und Binsen und gleich vorbei an einer Gabelung nach links.

Es geht vorbei an einer Teichanlage und noch einmal ein Stück hinauf; dahinter knickt der Weg nach rechts, auf Mehren zu und in den Weiler Adorf. Wir wandern mit der Straße durch den schmucken Ort, vorüber an dem Fachwerkhaus, das Julius Lommler 1719 hier erbaut hat, und an der „Adorf-Seifener-Straße" weiter geradeaus, dann durch die Biegung und zum Dorf hinaus. Hier überqueren wir den Mehrbach und folgen dann mit Vorsicht links der Straße in den Ort bis an die Kirche. Mehrens Ruhm war einst auf Ton gegründet: Auch hier war Kannenbäckerland, und Mehrener Krüge kamen in Hannover wie in England auf den Tisch der Kurfürsten und Könige, von denen einige in Folge „Georgus Rex" hießen. Das Dorfbild ist tatsächlich malerisch, im Kern geschlossen und gepflegt, alte Fachwerkhäuser um die Kirche, teils mit Stroh gedeckt wie früher. Inmitten, wie es sich gehört, die Kirche über allem, hoch auf einem Felsensockel, obendrein mit schlankem Turm. Sie stammt wohl aus dem 12./13. Jahrhundert, der hübsche Fachwerkspeicher wurde später auf den Chor gesattelt, als das Gotteshaus darunter längst dem Glauben seiner Gründer weggelaufen war.

Wir folgen hier mit dem Wanderweg 2 der „Kirchstraße" nach rechts, versäumen aber nicht, den Kirchbezirk hoch oben zu erkunden. Als die Kirche schon hinter uns liegt, halten wir uns rechts und folgen dem Fahrweg „Zur Heide". Schon in der Linksbiegung des Sträßchens, bei der prächtigen Kastanie, verlassen wir im Knick den Fahrweg und folgen geradeaus dem Wirtschaftsweg (2). Hier geht es einen Kilometer geradewegs durch Blumenwiesen, zuletzt im Knick nach Ersfeld. Wo links ein kleiner Graben zu erkennen ist, führt rechts die Straße in den Ort; wir bleiben geradeaus, kommen so zwischen einzelnen Häusern hindurch, dann folgen wir dem Weg „Im Oberdorf" zum Ort hinaus. Etwa einen Kilometer geht es neben einem Bach entlang, wo dann der Fahrweg scharf nach links knickt, halten wir uns rechts, hinweg über den Bach, und folgen drüben, wieder links, dem Weg im Bachtal, immer noch Weg 2.

Wo schließlich nach zweihundert Metern gleich zwei Asphaltwege weiterführen, links nach Hahn und rechts hinauf in Richtung auf den schlanken Mast mit der Sirene, halten wir uns rechts und wandern so nach Witthecke. Noch vor der Höhenstraße kommen wir hinweg über den „Lindenweg" und dann an

Skulptur im Tal

den Turm mit dem Gasthof „Zur Witthecke". Dort folgen wir neben der Straße dem Weg nach rechts durch die Wiesen, vorbei an einem Streifen Wald und Ginsterbüschen.

Als wir wieder auf die Straße stoßen, folgen wir ihr vorsichtig bis in den Ort, vorüber an der „Mehrbachstraße", und gehen dann beim grünen Ortsschild „Hasselbach" nach links: „Werkhausen". Links zweigt die Straße ab durch Hasselbach, wir bleiben weiter geradeaus, doch schon nach kaum dreihundert Metern, wo die Straße sich beim alten Schulhaus gabelt, sind wir am Ziel: Hier lebt und arbeitet der Künstler Erwin Wortelkamp, Wirtssohn aus dem Westerwald vom Jahrgang 1938, als Bildhauer erfolgeich in den großen Städten, zurückgekehrt nach Hasselbach, nach Hause – in die Abgeschiedenheit? Abgeschieden, sagt er, ist man überall; verschieden sei da allenfalls der Grad der Ablenkung.

60 000 Meter Boden im Quadrat hat Wortelkamp den Bauern über Jahre abgehandelt, nasse, unbrauchbare Wiesen größtenteils, ein ganzes Tal mit Wald dabei am Mehrbach. Hier lebt er nun seit 1975, hier hat er mit Kollegen 1986 das Projekt „Skulptur im Tal" gegründet. Schon die Großbuchstaben zeigen an, das dieses Tal nicht bloß ein Tal ist, sondern ein Programm: ein Stück Natur, von Menschenhand verändert, angereichert mit Skulpturen, ohne deren Hintergrund zu werden, vielmehr ein oft gesehenes Stück Landschaft mit bloßgelegten Sehstrukturen. Anders gesagt: eine Kunst-Landschaft, zu halten gegen die natürliche, die vorgefundene, doch nicht aus Gründen der Kritik oder Opposition, sondern um den Blick für Landschaften zu öffnen und zu weiten mit neugeschaffenen Beziehungen, Entsprechungen von Landschaftsform und Baumbestand und Bildnis. Besser allemal als Worte kann ein Rundgang durch das Tal die Absicht deutlich machen.

Es gibt in der Natur keine Erklärungen, nicht einmal Namen an den Plastiken; Mähwege im Grasland geben aber die gedachte Richtung zu erkennen, und wer am alten Schulhaus vorspricht, der erhält ein Blatt zur Übersicht, die Namen der Künstler und die Titel ihrer Werke. Und wer dazu das Glück hat, von Wortelkamp herumgeführt zu werden, der erkennt, daß schon in der Natur weit mehr zu sehen ist, als man gemeinhin sieht: hier ein alter Mühlengraben, dort ein fast vrschwundener Gemeindeweg, hier die neue Pflanzung, dort die Werke der Kollegen: etwa Ansgar Nierhoffs geschmiedete Säulen, Heinrich Brummacks Parodie auf ein Portal („Ort der Harmonie"), eine Steinskulptur von Nikolaus Gerhart („Kern und Hülle") und von Erwin Wortelkamp, dem Hausherrn sozusagen, „Vielleicht ein Baum": gewiß kein Holz, dafür geschweißtes Eisen. Dazwischen eine Westerwälder Rarität: das „Haus für August Sander", den berühmten Kölner Photographen, der ein Photograph im Westerwald war, ehe er sein Atelier nach Lindenthal verlegte.

Zwei Stunden sind so leicht herumzubringen, wenn man auch noch Fragen hat. Eintritt wird hier nicht erhoben, dafür wünscht sich Wortelkamp, daß niemand sein Skulpturen-Tal als Picknick-Platz mißbraucht.

Damit läßt sich leicht auch eine Viertelstunde warten: Man wandert weiter auf dem „Leinger Weg", rechts am Haus vorbei, vorüber auch am Werkplatz und am Friedhof nebenan und weiter mit dem Fahrweg, durch die Biegung wieder in die Felder. Wo nach einem halben Kilometer dann der Fahrweg links hinaufführt, folgen wir dem Wiesenweg hier geradeaus und dann dem Fahrweg rechts, zurück nach Weyerbusch. Doch vorher gibt uns eine Holzskulptur noch Rätsel auf: So wie sie dasitzt, vor dem kleinen Fichtenwäldchen links des Wegs bei Leingen, zweifellos ein Männlein, ganz aus Holz und Latten, das sein Pfeiflein schmaucht: so macht es ganz den Eindruck, es habe einer sich da einen Spaß erlaubt mit seinen Nachbarn.

Kein Baum, sondern Kunst

Von Weyerbusch nach Mehren durch den Westerwald

Weglänge: ca. 13 km

Anfahrt:
Autobahn A 3 bis AS Hennef und Autobahn Altenkirchen bis zum vorläufigen Ende, weiter B 8 über Uckerath, Hasselbach bis Weyerbusch; dort vor der Kreuzung rechts Parkmöglichkeit am Raiffeisenzentrum. In der Woche mit der Eisenbahn bis Eitorf, von dort Bus 482 Richtung Altenkirchen.

Wanderkarte:
Naturpark Bergisches Land Südteil 1 : 50 000

Wanderweg:
„Raiffeisenstraße" folgen, nach 350 m links „Sportanlagen", im Bachtal auf Weg 1 des Westerwaldvereins bis Hilkhausen. Auf Talstraße rechts und gleich links Richtung Hemmelzen. Gegenüber der Scheune links rechts ab und bis auf Höhe und weiter bis Heuberg. An der Straße rechts und links mit „Kraamer Straße" am Ort vorüber. Nach 1 km Kraam links liegenlassen, in Linksbiegung über Asphaltweg hinweg bis auf Talstraße. Gegenüber (10 m rechts) weiter, bei Gabelung rechts und nach Adorf, mit Straße durch den Ort weiter bis Mehren. Weg 2 „Kirchstraße" folgen, rechts Fahrweg „Zur Heide", den in Linksbiegung verlassen und geradewegs Wirtschaftsweg („2") nach Ersfeld. Weiter „2" links eines Bachtals, nach 1 km Bach überqueren und weiter „2" bis Witthecke. Neben Straße Weg rechts durch Wiesen, zuletzt Straße nach Hasselbach und links Hinweis „Werkhausen" folgen bis zum alten Schulhaus. Besuch von „Skulptur im Tal". Weiter „Leinger Weg" nach Leingen und Fahrweg rechts nach Weyerbusch.

Wer nur Werkhausen besuchen möchte, findet Parkgelegenheiten neben dem Haus. Zum Skulpturental sind ein Faltblatt und eine separate Schrift erhältlich.

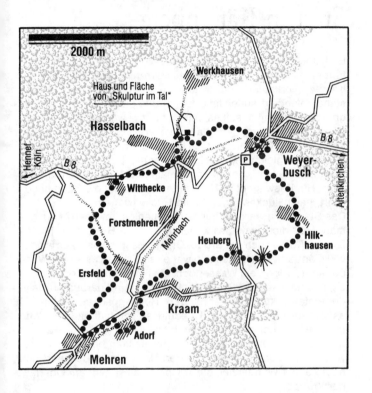

2000 m

Werkhausen

Haus und Fläche
von „Skulptur im Tal"

Hasselbach

Henner
Köln

B 8

B 8

Weyer-
busch

Altenkirchen

Witthecke

Forstmehren

Mehrbach

Heuberg

Hilk-
hausen

Ersfeld

Kraam

Adorf

Mehren

Tippeltour 6:

Start in Käfernberg

Erzählen läßt sich die Geschichte so: Vor langen, langen Jahren fuhr ein Mütterlein mit einem Eselskarren in die Stadt. Sie hatte Käse zu verkaufen, und Neuigkeiten gab es gratis. Der Esel stand solange draußen im Geschirr und tat sich an den Disteln gütlich. Nur einmal soll es ihm zu bunt geworden sein: Er zog alleine los, mitsamt dem Wagen voller Käse. Ahnt man schon das Ende der Geschichte? Die Frau kam endlich aus dem Haus und stürzte gleich dem Esel hinterher mit lauten Rufen, um ihn anzuhalten: „Hü!", rief sie, nochmals „Hü!", und dann in ihrer Not: „Hü, Käswagen!" – Und daher, so erzählt die Sage ungerührt, heißt Hückeswagen heute Hückeswagen.

Das Städtchen wäre vorher also namenlos gewesen? Und ruft man „Hü!" nicht, wenn es weitergehen soll? So steht es jedenfalls im Wörterbuch der Brüder Grimm. Es war wohl alles wieder völlig anders, wahrscheinlich war es so: Da gab es an der Wupper eine „wage", ein Wasserloch, ein Feuchtgebiet, das war zu eigen einem aus dem Haus der Hukinger, und daraus wurde in der ersten Urkunde im Jahre 1085 „Hukengesuuage". Nun ließ es sich im Wasser nicht gut siedeln, so zog man auf die Höhe nahebei und baute eine Burg und einen Hof: „Heukeshowwen" heißt der alte Ort im Platt der Einheimischen heute noch. Der Wasserreichtum, der dem Ort den Namen gab, beschert uns heute unser Wanderziel, die Talsperre der Bever am Oberlauf der Wupper.

Der Fleck heißt Käfernberg, wo wir beginnen. Hier enden alle Wege, die vom Berg hinunterführen, gleich am Wasser. Vom kleinen Kreisverkehr am Parkplatz folgen wir ein Stück der Straße, die uns hergebracht hat. Wir sind hier auf dem Wanderweg 28 (Andreaskreuz; aber nicht dem gesperrten Weg weiter nördlich folgen, der auch Weg 28 ist). Wir kommen an „Haus Angelfluh" vorbei und längs der schwarzen Fichtenwand, dann folgen wir nach einem Viertelkilometer links dem Fahrweg und kommen auf dem Dammweg über einen Seitenarm des Beversees hinweg.

Wir folgen diesem Weg am grünen Zaun entlang bis an den Campingplatz zur Linken. Hier verlassen wir den festen Weg mit dem Andreaskreuz und steigen zwischen Weidezäunen rechts hinauf. Das Wege-Zeichen ist nun ein Quadrat mit weißem Rand. Beim Blick zurück entdecken wir zum erstenmal den Stausee. Auf der Höhe stoßen wir auf einen Fahrweg und folgen ihm mit einem Kreis als neuem Wegsymbol nach rechts, vorüber an Hof Busche und weiter geradeaus bis an die Hofstatt Mickenhagen. Hier überqueren wir die Straße, die von Hückeswagen kommt, und wandern geradeaus, entlang der Hecke, in die Felder. Der Ackerweg läuft auf dem Rücken einer Höhe, links in der Senke steht noch Wald. Beim Weitersteigen führt der Weg an einem kleinen Wald vorüber, oben stößt er dann vor einem Stück mit hellem Laubwald auf den Fahrweg, der uns links bis an die Straße bei dem Flecken Buchholz bringt.

Hier überqueren wir die Straße und folgten geradeaus dem Fahrweg Richtung Wüste und weiter auf der Höhe. Links im Tal entdecken wir dann Hückeswagen. Der Burgberg an der Wupperfurt war seit dem Mittelalter Eckpfeiler der Grafschaft Berg. Für solche Dienste auf der Grenze gab es Privilegien, 1360 wurde Hückeswagen „Freiheit" und „Bergisches Amt", ausgestattet mit Vergünstigungen, wie sie sonst nur Städte kannten. So wuchsen Handel und Gewerbe, vor allem, wie auch sonst im Tal der Wupper, alles, was zusammenhing mit Tuch und Garnen. Als sich Hückeswagen 1892 mit einem Wappen schmücken

Bergisches Fachwerk

durfte, wählte man drei Zinnen für die Burg, den Löwen für die bergische Vergangenheit sowie ein Weberschiffchen für das Wappenschild. Heute lebt die Stadt vor allem von der Werkzeug- und Freizeitindustrie, und für ein neues Wappen würde man wohl einen Campingwagen nehmen.

Wo der Fahrweg dann nach links knickt, halten wir uns rechts und wandern weiter durch die Wiesen. Am Strommast ist der Weg („A 3") gekennzeichnet mit einem Deieck. Es geht vorüber am Asphaltweg, der nach Linde führt. Hir stößt von rechts der Wanderweg 7 dazu (Andreaskreuz), wir wandern mit ihm weiter geradeaus und auf die Höhe mit dem Waldstück zu. „Am Heiderfeld" heißt dieses Flurstück, 371 Meter hoch; wir kommen in den Wald, und ehe wir ihn gleich darauf verlassen, rund zwanzig Meter vor einem Gedenkstein, knickt unser Weg bei einer großen Buche nach links und bringt uns zwischen Feld und Wiesenland hinab. Der schöne Weg läuft zwischen Weidezäunen auf die Hofstatt Neuenherweg zu. Dort halten wir uns auf dem kleinen Fahrweg rechts, vorüber an der Scheune in Ocker

Bei Neuenherberg

Dem Zeichen auf der Spur

und Grün, vorbei auch an der Sumpfwiese, wo uns der Wanderweg nach links verläßt, und kommen rechts aufs neue in den Ort.

Der Fahrweg bringt uns an die Bundesstraße; wir überqueren sie, zehn Meter linksversetzt, und folgen gegenüber dann dem Fahrweg in die weite Senke nach Niederdahlhausen und Scheuer. Fern ist ein Strich vom Stausee zu erkennen. Es geht vorbei an Heinhausen mit Teichen in der Mulde. In Niederdahlhausen schwenkt unser Asphaltweg gleich nach dem ersten Haus nach links, dann kommen wir im sanften Schwung durch das wellige Land, vorüber an den Stallungen von Scheuer und abermals ins Freie, in die Senke, wo ein Wasserlauf dem Beversee entgegenstrebt.

Gleich hinter dem Bächlein verlassen wir den Asphaltweg in der Biegung und folgen rechts dem Weg am Eichenhain entlang und gleich darauf im Schwenk nach links in einem zweiten Wiesental auch über einen zweiten Wasserlauf hinweg. Dahinter, vor der Böschung, folgen wir am Unterrand des Eichenwaldes links dem Weg am Rand des Tals entlang. Gut zweihundert Meter weiter entfernt der Weg sich von der Niederung und führt uns in den Wald und gleich vor jungem Fichtenwald nach rechts und durch die Fichten aufwärts („A 2").

Noch im Steigen gabelt sich der Weg im Fichtenwald. Hier halten wir uns rechts, es geht zum Wald hinaus und durch die Fichtenschonung weiter, bis wir auf der Höhe dann den Wanderweg mit dem Andreaskreuz erreichen (28), dem wir schon am Ausgangsort gefolgt sind. Es geht nun rechts, bei einer Eiche in die Felder. Fern vor uns sehen wir den See. Der Weg schwenkt sacht nach links; einen Viertelkilometer weg vom Waldrand knickt der Weg vor einem Zaun nach links und vor dem Waldrand gleich darauf nach rechts, am Wald entlang und schließlich weiter auf der freien Höhe auf die Talsperre zu.

Der Bever-Stausee wurde 1896–1898 gebaut und ist damit die älteste Nutzwassertalsperre des Wuppergebiets. Eine elegante Mauer aus Schieferbruchstein riegelte bei Käfernberg das Tal ab und staute drei Millionen Kubikmeter Wasser. Doch mit den Jahren wurde das zuwenig: Die Wupper wurde immer mehr durch Abwässer von Industrie und Stadtentwässerung belastet; ihr Wasser regelmäßig zu verdünnen, wurde dringlicher und dringlicher; zugleich stieg der Bedarf an Wupperwasser für die Industrie. Eine Lösung wäre eine neue Talsperre gewesen, doch inzwischen waren alle Täler schon besetzt. Aus diesem Engpaß führte schließlich die gewaltige Erweiterung des Bever-Stausees von drei auf dreiundzwanzig Millionen Kubikmeter Fassungsvermögen: 1200 Meter unterhalb der Mauer wurde nun das Tal noch einmal abgeriegelt, und diesmal mehr als sieben Meter höher. Für eine solche kolossale Mauer gab es in der Nähe keine Steine mehr, auch war ein Dammbau billiger, und, drittens, ließ die Arbeitslosigkeit im Oberbergischen sich durch die Arbeiten für einen Erddamm wirksamer bekämpfen. Rund eine Million Kubikmeter Lehm und Sand und Schieferboden wurden angehäuft und festgeklopft bis 1938, dann konnte man die Bever wieder stauen. Die alte Mauer ging im Wasser unter. Sie wurde nach dem Krieg erst Stück für Stück gesprengt, so wie die Trockenheit es zuließ.

Mit jedem Schritt beim Weitergehen wächst der Stausee mehr und mehr ins Bild, wir sehen auch die Hofstatt Siepersbever, daneben rechts die Kühe, links die Surfer auf dem Wasser. Zuletzt geht es in Kehren an den Hof heran und rechts vorbei an der Remise und dann auf schmalem Weg hinab an die Straße hart am Wasser. Rechts bringt die Fahrbahn uns wieder über einen Damm, vorbei am Parkplatz für die Wassersportler; und ehe dann die Straße rechts hinaufsteigt, folgen wir bei der rot-weißen Eisenschranke weiter dem Weg mit dem Andreaskreuz. Es geht am Waldrand über einen Buckel hinweg und hinab; unten gabelt sich der Weg: Rechts verläßt uns, ebenfalls mit dem Andreaskreuz, der Wanderweg 7, wir wandern links und dann für

lange Zeit am See entlang (28, „X"). Noch dreimal mißt der Uferweg die Ausbuchtung des Stausees aus, nach über einem Kilometer weisen uns die Zeichen dann deutlich nach rechts in
die Böschung, und zwischen Buchenwald und Tannen kommen
wir hinauf. Oben geht es geradeaus durch eine Pflanzung mit
einem Hochsitz rechts, dann weiter durch den Wald bis an den
Waldrand. Hier halten wir uns an der Wegespinne vor der Wiese
leicht nach links, es geht mit dem Andreaskreuz am Rand des
Walds entlang und weiter längs der Wiese, bis uns der Weg zuletzt zurückbringt an den Ausgangspunkt. Hier mag es wohl gewesen sein, so Sigewin von Hückeswagen einst dem Tanz der
Elfen heimlich zusah. Er wußte, daß dergleichen schädlich war
für Sterbliche, so band er sich ein Auge zu und war von dem,
was er auf seinem zweiten sah, doch mehr als doppelt angetan.
Nur als er heimkam, fand er, daß er blind geworden war auf seinem frevelhaften Auge – und blieb es bis ans Ende seiner Tage.
Ob heute auch noch Elfen an der Bever tanzen, weiß man nicht
genau; man muß nur auf die Wiesen achten: Sie werden heller
durch den Tanz im Mondschein.

Gut geleitet

Bei Hückeswagen an die Bevertalsperre + 7 km aus d. Vanderkart

Weglänge: ca 10 km

Anfahrt:
Autobahn A 1 bis AS Schloß Burg, über Wermelskirchen und Bergisch Born bis Hückeswagen; dort im Ort den Schildern „Bevertalsperre" nach, über die Wupper und im Linksknick der Straße nach Radevormwald rechts ab nach Mickenhagen und Käfernberg. Dort (kostenpflichtiger) Parkplatz. Von Remscheid stündlich Busanbindung nach Hückeswagen (Anschluß ans Wandergebiet über örtliche Wege), nach Remscheid über Solingen-Ohligs.

Wanderkarte:
Hückeswagen oder Wipperfürth 1 : 25 000 oder Naturpark Bergisches Land Nordteil 1 : 50 000

Wanderweg:
Von Käfernberg auf der Straße mit Weg 28 (Andreaskreuz) über Damm hinweg. Bei Campingplatz zur Linken rechts hinauf (Quadrat) und mit Querweg auf der Höhe rechts, vorüber an Höfen Busche und Mickenhagen. Straße kreuzen und weiter geradeaus, bei Buchholz erneut Straße kreuzen, wo Fahrweg nach Wüste links knickt, rechts „A 3", bald auch 7 (Andreaskreuz). Vor dem Ende des Waldstücks links und mit „X" nach Neuenherweg. Beim Querweg Andreaskreuz verlassen und rechts über Bundesstraße (10 m links), vorbei an Niederdahlhausen und Scheuer. Hinter Scheuer Bachlauf, dahinter rechts am Eichenhain entlang und gleich links in zweites Tal. Unterhalb der Böschung weiter, nach 200 m Aufstieg im Wald („A 2"). Bei der Gabelung rechts und mit Wanderweg 28 (Andreaskreuz) bis Siepersbever, rechts am Hof vorbei und mit 28 („X") am See entlang, nach über 1 km rechts mit „X" hinauf und zurück nach Käfernberg.

Mögliche Abkürzungen: ab Linde Wanderweg „7" („X") oder von Neuenherweg rechts bis „7" und links zum See (vgl. Karte).

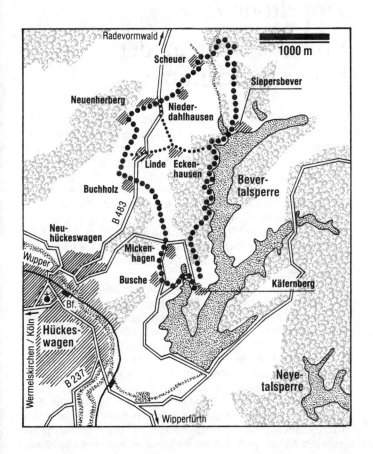

Tippeltour 7:

Vorbei am Kreuz der Eheleute Schmitz

Es war ein Wunder, keine Frage: Da war ein Ochse durch den Zaun gebrochen und tobte durch den Flecken Biesfeld – so lange, bis ein Baumstamm seiner Wucht ein Ende setzte. Der Ochse kam zum Stillstand, und wo die Hörner an den Stamm geschmettert waren, sah man nun ein Bild der Muttergottes. So wurde aus dem ramponierten Baumstamm schnell ein Kreuz und aus dem Dorf ein Wallfahrtsort. Was aus dem Ochsen wurde, ist nicht weiter überliefert.

Schon 1676 gab es Pilgerzüge, dann wurde 1863 die Kapelle neugebaut, und als drei Jahre später Biesfeld in der Gunst der Gläubigen ganz oben stand, da freute das den Pfarrer und die Wirte gleichermaßen.

Die Wallfahrtszüge sind inzwischen weniger geworden, gewandert wird nun meistens ohne tiefere Begründung. Mehr hat sich aber kaum geändert: Der Wanderparkplatz liegt gleich an der Kirche, das Gasthaus praktisch um die Ecke.

Von hier aus wandern wir mit dem Andreaskreuz („X") des Wanderwegs 29 die Straße Richtung Neuensaal hinauf, hinweg über die Abzweigung der „Friedhofstraße", auch über die „Hubertusstraße" und weiter mit der „Jahnstraße" durch die Biegung hinauf. Bei Haus 25 und der Telefonzelle folgen wir dem Wanderweg nach rechts, es geht am Fußballplatz vorüber und am Parkplatz daneben und dann mit dem Andreaskreuz geradewegs ins Freie. Am Anfang wandern wir ein Stück am Wald entlang; dann, ehe wir die Stromleitung unterqueren, wechselt der Weg in den Wald und führt uns weiter im Schatten der Bäume, stets nah am Rand des Laubwalds. Nach gut 200 Metern verläßt uns der Rundweg „A 3" und führt nach rechts und durch den Wald. Wir wandern weiter geradeaus und bald auch wieder zwischen Wald und Weidezaun im Freien. Der Weg ist weiterhin mit dem Andreaskreuz markiert, daneben als „A 2" und hier nun auch mit einer Raute.

Noch einmal führt der Weg uns in den lichten Laubwald. Dahinter fällt dann das Gelände ab: Links liegt der Wald und rechts das Tal mit den Häusern von Scheid. Ehe wir beim Abstieg den Wald vor Durhaus vollends hinter uns gelassen haben, finden wir zur Linken einen Bildstock mit Plakette: Der Himmelsfürst als Erdenherrscher mit Zepter, Reichsapfel und Krone.

Zwischen Weiden führt der Weg uns dann ins Tal. Hier verlassen wir den Wanderweg mit dem Andreaskreuz, überqueren beim Strommast die Straße und folgen rechts nun dem „Breibacher Weg". Der bequeme Fahrweg mit dem Winkel des Wanderwegs 4 bringt uns sacht ins Tal nach Breibach mit dem „Geflügelhof", der mehr aus Hallen als aus einem Hühnerhof besteht. Bei der Gabelung mit der geschnitzten Muttergottes auf der Linken folgen wir dem Zeichen weiter geradeaus und durch den kleinen Ort hindurch, vorbei an einer Teichanlage und etwa einen halben Kilometer weiter mit dem Lauf des Baches. Noch einmal führt der Asphaltweg an Häusern vorbei, die zu Breibach gehören, dann verlassen wir das Bachtal und folgen links dem Winkel und dem Fahrweg „Kettenberg" hinauf. Es geht an Zugangswegen links und rechts vorüber und zwischen Fichten sacht bergauf. Der Weg steigt stetig neben einem kleinen Wasserlauf. Bei der letzten Hofstatt wirft ein Hund sich uns entgegen mit wütendem Gebell, diesmal noch zurückgehalten durch den oft geflickten Zaun. Wir steigen, wo der Fahrweg endet, zwischen Haus und Scheune auf die Wiese und hinauf bis zum Strommast am Waldrand. Hier folgen wir dem Querweg nach links und halten uns darauf beim Wegedreieck vor dem Laubwald wieder links und weiter am Waldrand entlang. Nach etwa 150 Metern entdecken wir am Weidezaun zur Linken abermals den Winkel, der uns nun rechts in den Wald weist. Der Weg ist hier ein schmaler Pfad, bald führt er zwischen Birken bergab durch das Gras. Unten stoßen wir an die umzäunte Ecke eines Grundstücks. Hier folgen wir dem Lauf der Leitung über uns: Es geht am Zaun entlang, am Mast vorüber und mit dem Zaun hinauf.

Das Klinkerhaus zur Linken ist der erste Hinweis auf Hachenberg. Wo wir auf den Fahrweg stoßen, halten wir uns rechts, erreichen gleich den „Hachenberger Weg" im Scheitelpunkt der Kurve und folgen ihm nach rechts, am gelben Haus (64) vorbei und sacht bergab.

Mit der Straße geht es durch zwei Kehren links und rechts, am Misthaufen vorbei und vor dem Strommast links zum Ort hinaus. Der Fahrweg führt uns über eine flache Kuppe, vorbei an einer Bank mit Baumrest, und zwischen Weidezäunen sacht bergab. Am Waldrand, vor der Böschung, knickt der Weg nach links,

In Hachenberg

verläuft ein Stück noch am Waldrand entlang, ehe er nach rechts schwenkt und uns mitten durch den Wald ins Tal führt. Nach leichtem Schwenk erreichen wir den Weg im Bachtal und wandern nun nach links. Das nächste Ziel steht schon am Baum geschrieben: „4a Kürten".

Wo die Wege sich gleich darauf gabeln, halten wir uns rechts. Hinab ins Bachtal und hindurch, vorüber an der schönen Hommermühle hinter Eschen. Es geht an der Zufahrt zur Mühle vorüber und weiter mit dem Winkel geradeaus, nun schon wieder steigend. Hier kommt uns der Bachlauf entgegen. Wo wir dann zum Walde hinaus sind, sind wir schon in Kürten. Rechts sehen wir die ersten Häuser. Wir wandern weiter und weiter hinauf. Wo der Fahrweg „Hommermühle" bei dem Kreuz von 1858 endet, überqueren wir die Straße, folgen so dem Winkel und gegenüber der „Johannesstraße" das Stück bis in die Biegung. Dann steigen wir nach links hinauf zur Bushaltestelle „Am Halfenberg" und wandern mit der Straße rechts hinab durch Kürten. Die Kirche St. Johannes Baptist war schon um 1300 der Erwähnung wert, schon damals mit demselben schlichten Turm. 1844 baute man das Langhaus neu und nach der Kriegszerstörung 1950 noch einmal. Erhalten blieb bei alledem das alte Kleinod unten im Turm, der Taufstein aus Namurer Blaustein. Erhalten blieben auch die Kreuze auf dem Kirchhof unter Linden. Wir wandern weiter mit der Straße abwärts durch den Ort, kreuzen im Sülztal die „Wipperfürther Straße" und folgen gegenüber der „Olpener Straße" über den Fluß. Es geht am Fußballplatz vorüber, vorüber an der Hofstatt „Hülsensteeg", wo schon am Ende des vergangenen Jahrhunderts eine Straßenbrücke den alten Steg aus Holz ersetzt hat, und vorbei am Kreuz der Eheleute Schmitz und Brochhaus.

Knapp dreihundert Meter hinter der Sülz nehmen wir den Fahrweg „Hägen" nach rechts. Beim Eintritt in den Wald gabelt sich der Weg. Wir bleiben rechts, vorbei an einem Haus im Wald und einer Bank daneben, die sich als „Privat"-Bank zu erkennen gibt. Kurz darauf verläßt dann der markierte Wanderweg den gut gestreuten Grund und führt uns etwas linksversetzt am Rande der Weide durch den Wald. Am Waldrand unterhalb der Weide, stößt er wieder auf den breiteren, den wir verlassen haben, und folgt ihm weiter geradeaus. Der Weg verläuft hier zwischen Weidezäunen und nimmt von links bald den Weg 9 mit Raute auf.

Noch vor der Lindengruppe, wo vier gestutzte Bäume um einen alten Bildstock stehen, knickt unser Weg mit dem vertrauten

Wanderwegsymbol nach rechts. Rund hundert Meter weiter, wo linkerhand der Wald beginnt, knickt unser Weg nach links und führt als Hohlweg in den Wald. Hier geht es abwärts, schön im Wechsel zwischen dichten Fichtenstücken und Eichenwaldbeständen mit grünem Gras am Boden. Bei einem eingezäunten Grundstück führt der Weg uns über einen Bachlauf (ohne Wasser) und danach erneut zunächst durch Fichten, dann zwischen Weidezaun und Wald entlang. Hier hat die Sülz uns wieder eingeholt: Zur Rechten hören wir ihr Glucksen.

Unser Weg ist hier nur noch ein Pfad am Rand der Weide. Er führt uns schließlich auch das letzte Stück hinab von der Terrasse über der Sülz, und wir erreichen am Ende der Weide die Straße. Sie bringt uns links nach Hungenbach, ein altes Gut im schönen Fachwerkstil, jetzt ein Hotel mit Restaurant. Hinter dem Gutshaus mit dem Wehrturm sind alte Fachwerkhäuser aus der bergischen Umgebung wiederaufgebaut, die dort im Weg gestanden haben, darunter auch das Haus von Johann Heinrich Jung, genannt Jung-Stilling, Augenarzt aus Elberfeld, berühmt als Schriftsteller und Freund aus Goethes Straßburger Studentenzeit. „Kulturgut" nennt sich deshalb Hungenbach mit Stolz – ein Wortspiel, fast ein Kalauer: So könnte sich ein Gut am Meer auch Strandgut nennen.

Unterhalb des hübsch arrangierten Fachwerk-Ensembles bringt unser Weg uns weiter durch das Sülztal (Winkel, auch „A 1"). Es geht an einem Teich vorbei und am Rand des Gewerbegebiets in der Böschung hinauf. Im Wald verläuft der Weg dann ohne Steigung, Fichten wechseln hier mit Laubwald. Wo von links dann der „A 3" hinzukommt, führt der Weg bald wieder abwärts, sacht zunächst, dann zwischen Zäunen bis ins Tal nach Sülze. Es geht an einzelnen Häusern vorüber und rechts hinunter an die Sülztalstraße. Ihr folgen wir nach rechts, es geht auf einer separaten Brücke über den Fluß; dahinter folgen wir der ersten Straße gleich nach links, der Sackgasse „Im Auel". Der Weg führt uns vorbei an neuen Häusern, am – vorerst – letzten, Nummer 44, folgen wir dem Winkel rechtsversetzt auf einem Pfad, bis wir an eine Kreuzung stoßen. Hier wandern wir nicht weiter geradeaus auf dem „Kirchheider Weg", sondern halten uns rechts, zwischen Gärten hinauf und weiter dem vertrauten Zeichen auf der Spur.

Der Weg verläuft auf einem Höhenrücken, macht einen Bogen um Haus 29 und führt dann vollends in die Felder. Rechts im Tal liegt Eichhof unter uns. Hinter einem zweiten Einzelhaus, dreihundert Meter weit im freien Feld, folgt unser Weg dem Asphaltweg und dem Lauf der Stromleitung, bis wir den Flecken Ahlendung erreichen. An der Straße mit dem Kruzifix zur Rechten halten wir uns links, auf „Stephans Klause" zu, und folgen dann gleich rechts dem Fahrweg „Niederkollenbach". Am Eichenwaldstück überwinden wir die Kuppe, nun geht es sacht bergab, und wo der Fahrweg dann nach rechts schwenkt, auf die schöne Fachwerkhofstatt zu, weist uns der Winkel nach links und am Pflaumenbaum hinab ins Tal, am Zaun entlang. Unten wechseln wir von Wiesen in den Wald. Am Waldrand halten wir uns rechts, von einem kleinen Wasserlauf begleitet. Wo der Weg sich gabelt, halten wir uns weiter rechts, am Bach entlang und ohne Steigung weiter. Nach 450 Metern am Waldrand verlassen wir unseren Sandweg und mit ihm den Wanderweg 4: Hier folgen wir am Wegekreuz dem Weg vom Anfang, Nummer 29. Es geht im spitzen Winkel rechts, auf dem Dammweg über den Bach, dann rechts („A 3") und bei der nächsten Gabelung links und geradeaus mit dem Andreaskreuz in den Wald, aufwärts neben einem kleinen Wasserlauf.

Oben kommen wir zum Wald hinaus und steigen weiter durch das hohe Gras nach Oberkollenbach. Es geht am Pferdestall vorüber und nach links und dann beim Schieferhaus nach rechts und durch den Ort. Am Strommast geht es links vorüber und zum Ort hinaus. Der Wanderweg ist in die Kuppe eingegraben, gesäumt von Hagebuttensträuchern, überwölbt von leuchtendroten Ebereschen.

Am Wasserbehälter von Biesfeld haben wir den höchsten Punkt des Wegs erreicht: 269 Meter. Wir wandern links am ersten Haus vorbei und geradewegs hinab in den Ort. Der Privatweg etwas unterhalb bringt uns nach links, wir berühren kurz die Straße und folgen dann gleich der kleineren Straße nach rechts, die mit ihrem Namen an das Wunder und die Wallfahrtskapelle erinnert, nur nicht ganz mit diesen Worten: Sie heißt „Am Domberg". Hier wohnt man zwischen Kirschlorbeer und Koniferen. Der Weg knickt links, dann läuft er als gestreuter Weg den Hang hinab. Unten stößt er dann als „Waldweg" auf die „Offermannsheider Straße" und bei der „Wipperfürther Straße" an die Kirche. Wir sind am Ziel – und in der Zeit: Denn pünktlich setzt das Abendläuten ein.

Zwischen Biesfeld und Kürten durchs Bergische Land

Weglänge: ca 15 km

Anfahrt:
Autobahn A 4 bis AS Moitzfeld und über Herkenrath bis Spitze. Dort rechts hinab und über Dürscheid nach Biesfeld. Parkplatz an der Kreuzung hinter der Kirche.

Wanderkarte:
Naturpark Bergisches Land Nordteil 1 : 50 000

Wanderweg:
Mit Weg 29 (Andreaskreuz) Straße Richtung Neuensaal, oben „Jahnstraße". Bei Haus 25 rechts in den Wald und weiter mit „X" bis Durhaus. Rechts „Breibacher Weg" (Wanderweg 4, Winkel) verfolgen, hinter Breibach links „Kettenberg" hinauf. Beim letzten Hof rechts über die Wiese hinauf zum Strommast, auf Querweg links und beim Wegedreieck wieder links. Weiter mit dem Winkel durch den Wald, hinab und am Zaun entlang hinauf. Oben rechts und auf „Hachenberger Weg" rechts. Zwei Kehren durch den Ort, dann vor Strommast mit Winkel links, Waldrand, dann im Wald hinab, unten im Bachtal links auf neuem Weg „4a". Bei Gabelung rechts und an Hommermühle vorüber und hinauf nach Kürten, an Kirche vorüber und zur Sülz hinab, gegenüber „Olpener Straße" folgen, nach 300 m rechts Fahrweg „Hägen", bei Gabelung rechts und durch den Wald, noch „4a", bald Weg 9 (Raute). Rechts, links, dann Hohlweg im Wald bis Straße. Links nach Hungenbach. Weiter mit Winkel (Weg 4) nach Sülze. Über den Fluß, erste Straße links („Im Auel"), an Haus 44 rechtsversetzt vorbei bis Kreuzung. Hier rechts zwischen Gärten hinauf und auf Höhenrücken bis Ahlendung. Straße links, dann rechts Fahrweg „Niederkollenbach", an Hof vorüber und unten am Waldrand neben Bach weiter. Nach 450 m rechts Wanderweg 29 („X") und aufwärts über Oberkollenbach, am Wasserbehälter vorüber und hinab nach Biesfeld.

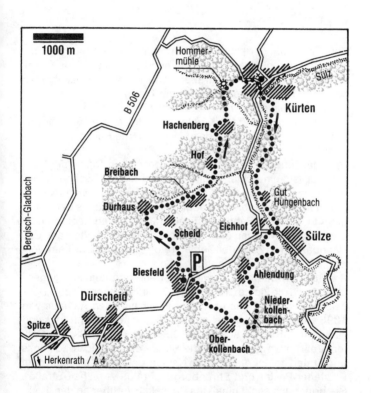

Tippeltour 8:

Der Quall wird gehegt und gepflegt

Vom Tosen hat der kleine Fluß vermutlich seinen Namen: Tussela. Tief unten sprang er schäumend durch die Kluft, die er sich selber in den Kalk gegraben hatte. Dann grub man ihm die schroffen Felsenwände ab, und vom Tosen blieb nichts als der Name der Düssel. An ihrem Oberlauf wird schon seit jeher Kalk gebrochen, das Dörfchen Gruiten zeigt den grauen Stein beziehungsreich im Wappen – dazu eine silberne Hacke mit goldenem Stiel.

Rund tausend Jahre lag Gruiten verborgen im Tal, an der Düssel: Der ist kein echter Gruitener, geht hier ein Schnack, der nicht zumindest einmal in den Fluß gefallen ist. Dann wurde oberhalb die Eisenbahn verlegt, und Gruiten wuchs den Hang hinauf bis an die Bahn, wo dieses Mal der Weg beginnt. Dort oben freilich war man bald entdeckt, und 1975 hatte Haan das Nachbardorf im Zuge der Gebietsreform im Sack. Das hatte vorher nur Napoleon geschafft.

Am Bahnhof überqueren wir die Straße und kommen gegenüber durch die kleine Grünanlage. Dahinter folgen wir der „Düsselberger Straße" nach rechts, bis wir am alten Rathaus von 1896 auf die „Bahnstraße" stoßen. Hier halten wir uns links und wandern durch das schmucke Oberdorf. Wo rechts die „Gartenstraße" abzweigt, macht die Straße einen Knick nach links und ändert an der Ampel ihren Namen. Jetzt heißt sie nach dem Gruitener Pastor und Ehrenbürger „Prälat-Marschall-Straße". Sie bringt uns sacht hinab ins Düsseltal, vorüber an der „Kalkstraße" im Rechtsknick und dann am „Grünen Weg" vorbei, hinunter in den malerischen Ort.

Vorüber an den Fachwerkhäusern „An der Eick" und „Rosenbaum" erreichen wir den alten Kern von Gruiten-Dorf, jetzt liebevoll erneuert und herausgeputzt. Wir kommen links, in Richtung auf die neuromanische Nikolauskirche von 1879, an den alten Fachwerkbau der Gaststätte „Zum Schwan" heran. Gleich hinter dem Gebäude, vor der „Pastor-Vömel-Straße", folgen wir dem kleinen Fußweg nach links in den „Quall". Das war einmal der Kern von Gruiten, als bäuerliche Siedlung „curtem in Grucena" 1155 von Kaiser Barbarossa urkundlich bestätigt, eine Wehrburg nah am Wasser und vom Wasser bei Bedarf umringt, wenn man am Teich den Schieber zog, das „Schütt", den „Quall". Bis etwa 1800 hatte die Siedlung als Einheit Bestand, dann hob Napoleon die Rechtsgrundsätze des Feudalzeitalters auf. Das mochte zeitgemäß und demokratisch sein: Es sorgte aber auch dafür, daß sich der Quall nicht länger halten konnte. Und 1968 wäre er zuletzt beinahe abgerissen worden, wenn nicht die Bürger heftig widersprochen hätten. Heute ist der Quall mit seinen renovierten Fachwerkhäusern ein Kleinod mitten im Dorf, gehegt von denen, die hier wohnen.

Der Pfad läuft durch die Wiese längs der Rückfront schöner Häuser, gegenüber lugt der alte Kirchturm über die Dächer, davor mit breitem Walmdach und bisweilen nassen Füßen die evangelisch-reformierte Kirche von 1721. Am Ende der Wiese, gegenüber dem evangelischen Kindergarten zur Linken, kommen wir rechts auf einer Holzbrücke über die Düssel und stoßen auf den Wanderweg 4 mit einer Raute als Symbol. Rechts bringt uns dieser Weg nach ein paar Schritten noch einmal an den hübschen Ort heran mit „Doktorshaus" und „Offershaus" und einem „Schlößchen" mit Laterne obenauf; dann aber folgen wir

Gruiten – malerischer Ort

Düssel

dem Wanderweg an der Düssel entlang, am rechten Ufer, vor der Brücke, auf einem Pfad nah am Wasser.

Der Weg verläuft zwischen Eichen und Erlen; dann stößt er auf das Endstück einer Straße: Gegenüber führt ein Fahrweg an das Klärwerk Heinhausen heran, wir halten uns links, überqueren die Düssel und nehmen dann den Weg nach rechts zum Reiterhof und Gut „ym Grund". Gleich hinter dem Reitplatz halten wir uns auf dem Weg nach rechts, erreichen abermals die Düssel und folgen hier dem schönen Weg am Unterrand der Wiesen, wo bald darauf von rechts der Wanderweg aufs neue zu uns stößt, den wir zuvor verlassen haben.

Bald treten Büsche an den Weg heran, dann wandern wir im Auwald an der Düssel. Der kleine Fluß läuft stark gewunden durch sein tief gekerbtes Tal, wir müssen zwischendurch gelegentlich das Ufer wechseln, folgen dabei aber stets dem Lauf des Wassers bis wir an die alte Grube eines Kalkbruchs kommen. Links des Wegs ist nun das Wasser aufgestaut zu einem Teich. Bei einer Eisenschranke haben wir ein Gartengrundstück neben uns erreicht mit schwarzen Schwänen auf dem Wasser, mit Enten, Pfauen auf der Wiese und zwei Pferden. Noch immer leitet uns dabei die Raute.

Beim nächsten Einzelhaus aus rotem Backstein links des Wegs (Nr. 12) verlassen wir den breiten Weg und folgen rechts dem Pfad hinunter an die Düssel. Hier überqueren wir den Fluß und gleich dahinter einen parallelen Graben, dann geht es in der Böschung etwas links und wieder aufwärts, bis wir an einer hölzernen Barriere auf einen kleinen Asphaltweg stoßen. Hier verlassen wir den Wanderweg mit dem vertrauten Zeichen und gehen rechts, hinauf und gleich darauf zum Wald hinaus ins Freie. Der Fahrweg führt uns auf die Höhe und bald vorüber an dem alten Gut „Am Schragen", ganz aus dem örtlichen Gestein gebaut. Wir folgen noch der Zufahrt weiter geradeaus, entlang an einer Fichtenreihe und bis an die „Kölnische Straße", die längst nicht mehr der Weg nach Köln ist – und fast auch keine Straße mehr.

Weit vor uns sehen wir den Kalksteinbruch am Hang hoch über dem Neandertal. Wir folgen jetzt dem Fahrweg „Kölnische Straße" links hinab, vorüber am schönen Hof Thunis, dann führt der Weg uns, wo die Böschung steiler wird, durch eine Kehre unter Eschen in den Wald und weiter abwärts, vorüber an dem alten Thunishof am Rand der Straße, grau vom Alter wie vom Kalk, und unten mit der Thunisbrücke wieder einmal über die Düssel. Ein Abstecher, ein kurzer Fußweg, bringt uns rechts im Düsseltal zur Winkelsmühle; vor Zeiten mußten hier die Bauern ihr Getreide mahlen lassen, dann war die alte Mühle eine vielbesuchte Sommerfrische, heute ist sie der Verwaltungssitz des eingetragenen Vereins, der seinen Zweck als „Zweckverband Erho-

Huppertsbracken

lungsgebiet Neandertal e. V." schon mit dem Briefkopf jeder-
mann zu lesen gibt, der sich von solchem Umgetüm aus Sub-
stantiven nicht erschecken läßt.
Zurück am Fahrweg an der Thunisbrücke, folgen wir dem Asphaltweg düsselaufwärts. Am Wegedreieck etwa hundertacht-
zig Meter weiter bleiben wir im Tal und folgen hier dem Hinweis
„Gruiten-Dorf". Wir sind nun wieder auf dem Wanderweg vom
Anfang (Raute). Rechts des Wegs entdecken wir nach kurzem
Weg im Laub den „Huppertsbracken", einen von den alten
Brennöfen der Gegend, als Ruine. Dieser ist seit 1672 urkundlich belegt, betrieben aber wurde er wie viele andere wohl auch
schon vorher. Erst seit Mitte des vergangenen Jahrhunderts die
Kalkvorkommen im Neandertal im großen Rahmen abgetragen
wurden, reichten solche kleinen Öfen nicht mehr aus und wur-
den aufgegeben und verfielen. Hier hatte man den Kalk nur für
den eigenen Bedarf gebrannt: Gestein und Kohlen lagenweise
aufgeschichtet, dann ein Feuer angezündet und geduldig tage-
lang geschürt, bis zuletzt der Rauch verriet, daß alles „gar" war.
Jetzt konnte man die Häuser mit Kalkmilch wieder gegen Unge-
ziefer schützen, die Bäume kälken gegen übergroße Hitze, die
Felder düngen oder Mörtel mischen.
Weiter führt der Weg nun düsselaufwärts, vorüber an einzelnen
Häusern und dem Hof „Bracken", der seinen Namen vermutlich

Winkelsmühle

vom „Brechen" des Kalkgesteins hat. Hier muß im Mittelalter reger Brennbetrieb gewesen sein, und zollfrei wurde dann der Kalk zum Kölner Dom gebracht.

Bis zum Kölner Dom

Dahinter verläßt uns der Weg mit der Raute ein zweites Mal, nach Gruiten geht es nun abermals über die Düssel, wir aber folgen geradeaus dem Fahrweg „Ehlenbeck", vorüber an der Gastwirtschaft „Im kühlen Grunde", vorbei an der Abzweigung des Fahrwegs „Frinzberg" und ohne Düssel weiter geradeaus, noch immer durch den Wald.

Wo der Weg dann links schwenkt, finden wir den Schieferbau des Hofes „Ehlenbeck" am Weg. Gegenüber halten wir uns rechts, verlassen den bequemen Fahrweg und folgen vor dem alten Fachwerkhaus dem kleinen Weg, der schwach mit einem „V" bezeichnet ist. Der Pfad steigt in der Böschung an und schwenkt dann rechts und bringt uns zwischen Weidedrähten weiter und nach oben, wo wir auf Gärten und auf Häuser stoßen und dahinter an die Eisenbahn nach Düsseldorf. Links geht es dann bequem zurück zum Ausgangspunkt der Wanderung.

Seit 1841 fuhr die Bahn von hier nach Düsseldorf, seit 1872 auch bis Deutz am Rhein, jetzt hatte Gruiten Anschluß an die große, weite Welt, nur einer hatte dafür garnichts übrig: Das war der Pächter Veit, der Bauer auf der nahen „Hansenheide". Der hatte soviel Weideland im Streit verloren an die Bahn, daß er sich schwor, sie sollte nicht an ihm noch Geld verdienen. Jetzt hatte er zum Schaden noch den Spott. Doch immerhin: Er soll nicht einmal mit der Eisenbahn gefahren sein.

Bei Gruiten durch das Tal der Düssel

Weglänge: knapp 10 km

Anfahrt:
Mit der Eisenbahn bis Gruiten. Oder Autobahn A 3 bis Kreuz Hilden, A 46 Richtung Wuppertal bis AS Haan-Ost, Beschilderung nach Gruiten folgen. Parkplatz am Bahnhof.

Wanderkarte:
Solingen 1:25 000 oder L 4708 Wuppertal mit L 4707 Mettmann.

Wanderweg:
Am Bahnhof Straße überqueren und durch Grünanlage gegenüber. Dahinter „Düsselberger Straße" rechts und „Bahnstraße", später „Prälat-Marschall-Straße" hinunter nach Gruiten-Dorf. Vorbei an Gaststätte „Zum Schwan" und Fußweg „Am Quall", dahinter Wanderweg 4 (Raute) über Bach und düsselabwärts. Straße links bis Haus „ym Grund", dahinter rechts wieder düsselabwärts, den Fluß dabei mehrfach kreuzen. Hinter alter Kalksteingrube mit Wanderweg rechts Düssel überqueren, dahinter bei Barriere rechts halten und an Gut „Am Schragen" vorüber aufwärts bis „Kölnische Straße". Links hinab erneut ins Düsseltal; rechts Abstecher zur „Winkelsmühle". Dann düsselaufwärts, nach 120 m Hinweis „Gruiten-Dorf" folgen (Raute). Hinter Hof „Bracken" markierten Weg verlassen und „Ehlenbeck" folgen, vorüber an „Im kühlen Grunde". Gegenüber Hof Ehlenbeck rechts Pfad hinauf bis zur Bahn und links zurück zum Bhf.

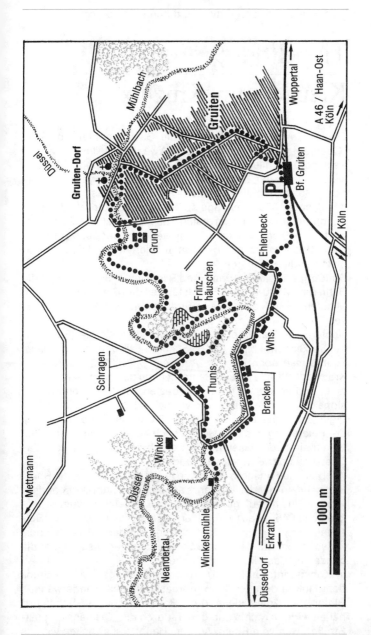

Tippeltour 9:

Kreuzen am Kruzifix

Es war soweit: Saisonbeginn, die Gäste konnten kommen. „Oben auf dem Plateau (Besitzer Wwe. P. J. Nelles) findet der Reisende ein allen Ansprüchen genügendes Bergwirtshaus, welches in letzter Zeit erweitert und gastlich eingerichtet wurde." – So schrieb das „Echo des Siebengebirges" am 17. April des Jahres 1889. Drei Tage später wurde obendrein die neue Zahnradbahn eröffnet, im ersten Sonderzug saß vor den Ehrengästen noch das stattliche Trompeterkorps der Deutzer Kürassiere. Und fern am Inn, in Braunau, feierten die Hitlers ein damals freudiges Ereignis.

Der Berg war bald berühmt, und Pfingsten 1890 beförderte die Bahn rund 2500 Gäste 1215 Meter weit den Berg hinauf in zehn Minuten, „684 Meter gerade Strecke und 531 Meter auf Curven", wie es hieß.

Heute ist die Zahnradbahn verschwunden. Als die „Bergbahnen im Siebengebirge AG" 1958 ihren Fahrbetrieb einstellten, konnte man noch mit dem Auto hoch: Seit 1927 führte eine Kraftwagenstraße hinauf. Heute ist auch das nicht mehr so einfach, und so wandert man am besten auf dem alten Prozessionsweg auf den Petersberg wie seit Jahrhunderten die Gläubigen und Pilger. Der Petersberger Bittweg ist heute unser Weg, der Petersberg das Ziel, wo reichlich hundert Jahre nach dem ersten ein neues Gasthaus in Betrieb genommen wurde: das Gästehaus der Bundesregierung.

Wir beginnen unseren Rundweg in Niederdollendorf am Rhein und nehmen hier die Autofähre auf das linke Ufer. Dort wandern wir den Fluß hinauf, gut zweieinhalb Kilometer bis zum Stromkilometer 645, zuletzt vorüber an der Mehlemer Aue mit der Botschaft der Vereinigten Staaten; dann mit der Autofähre abermals hinüber auf das rechte Ufer. Hoch über uns und fern die ganze Zeit das Ziel: der Petersberg.

In Königswinter auf der Uferpromenade folgen wir ein Stück dem Fluß und dabei dem Andreaskreuz des Wanderwegs 9. Hinter der Anlegestelle der „Bonner Personen-Schiffahrt" halten wir uns rechts und gehen durch die „Clemens-August-Straße", weg vom Rhein. An der „Hauptstraße" halten wir uns

Aufwärts

rechts, folgen etwa fünfzig Meter weiter schon dem Kreuz nach links und wandern durch die „Bahnhofstraße". Hier gehen wir bis über die Schienen. Unmittelbar dahinter, bei der Gaststätte „Zur Quelle", verlassen wir den Wanderweg und folgen links dem kleinen Fahrweg „Am Kissel" auf die „Lemmerz"-Werke zu, am Bahnhof jenseits der Geleise vorüber.

Vor dem Werktor 7a nehmen wir halbrechts den Fahrweg, kommen bald unter der Schnellstraße her und gehen hier nun, wo die Wege sich sogleich verzweigen, geradeaus und folgen dann, wo der markierte Wanderweg nach links knickt, rechts dem kleinen Weg „Am Mirbesbach".

Es geht an Gärten vorüber und dicht am Bach entlang. Rechts über uns entdecken wir den hohen Zaun der Tennisanlage: Dort lag einmal die Talstation der alten Zahnradbahn. Bei einer kleinen Gruppe schöner Häuser erreichen wir zuletzt den „Petersberger Bittweg" mit der Brücke über den Bach. Links finden wir den Hinweis „Petersberg über Bittweg 1,4 km". Das ist unser Weg: Es geht nach links über Tritte hinauf und dann beim ersten Kreuz von 1727 rechts, am Hang entlang, vorbei an einer Obstbaumwiese. Vor dem Eintritt in den Wald passieren wir ein Kreuz von 1797, das seither die Goldhochzeit der Stifter nicht vergessen läßt. Es geht im dünnstämmigen Buchenwald die Böschung unentwegt hinauf, in Kehren links und rechts, und oben, nah am Rand der Wiese, wieder an eine Kreuzwegstation mit einem Kruzifix von 1650.

Schon als der Petersberg noch Stromberg hieß, war er beliebtes Wallfahrtsziel. Zwar hatten am Ausgang des 12. Jahrhunderts die Zisterzienser, die das Kloster auf dem Berg erst kurz zuvor von Augustinern übernommen hatten, die Höhenlage aufgegeben und waren in das Tal des Heisterbachs gezogen, doch ihre Kirche hatten sie zurückgelassen. Gut hundert Jahre später, 1312, bauten sie hier oben eine Wallfahrtskapelle, „capella in Stromberch", dem heiligen Apostel Petrus zum Ruhm, dem ohnehin seit alters her der Berg gewidmet war. Bald führten Pilgerpfade aus allen Richtungen des Himmels auf den Berg, und der von Königswinter blieb erhalten, leicht zu erkennen an den Kreuzen aus dem 17. und 18. Jahrhundert.

Der Aufstieg führt nun weiter durch den Wald und schräg den Hang hinauf. Beim Kreuz von 1721 überqueren wir den alten Fahrweg vom Wintermühlenhof den Hang hinauf und steigen weiter in derselben Richtung wie bisher. Nach kurzem Steigen kreuzen wir ein zweites Mal den Fahrweg, der im Laub als solcher kaum noch zu erkennen ist, und kommen an das nächste

Auf dem Petersberg

Kreuz von „ANO 1687". Noch einmal führt der Bittweg über einen Querweg; wir wandern immer noch bergauf, und immer in derselben Richtung. Rechts schimmert nun das Rheintal durch die Bäume.

Der nächste Bildstock ist noch gut erhalten: Oben Christus mit dem Kreuz, dazu am Sockel, waffenstarrend, eine Mater Dolorosa von 1724.

Beinahe wäre hier am Hang am Ende des vergangenen Jahrhunderts noch ein Denkmal aufgemauert worden, das alles hätte in den Schatten stellen können. Denn mitten im Dreikaiserjahr beschloß die Rheinprovinz, dem im März des Jahres 1888 verstorbenen Reichsgründer Wilhelm I. ein Denkmal zu weihen. Die Provinzialverwaltung lockte schon mit einem kostenlosen Grundstück hoch am Hang des Petersbergs, doch 1891 entschied der zweite Wilhelm anders: So baute man das Helden-Denkmal fern am „Deutschen Eck".

Beim Weiterwandern kommen wir erneut an einem massigen Bildstock vorüber, diesmal aus dem Jahre 1638, und bald darauf an einem kleinen Kruzifix. Hier, wo das Gelände vor uns abfällt, schwenkt der Weg ein wenig nach links. Bald sehen wir zu unseren Füßen die engen Serpentinen der Straße auf den Petersberg. Hier knickt der Weg nach links, wir kommen nun über die Höhe hinweg und wandern ohne Steigung weiter, bis unser Prozessionsweg bei einem recht barocken Bildstock links auf

schmalem Pfad den Kegel geradewegs hinaufführt. Nach kurzem Aufstieg kreuzen wir die Zufahrtsstraße und wandern drüben weiter bis zu einem schweren Kreuz von 1718: Hier halten
wir uns links, kreuzen noch den alten Fahrweg, der vom Nonnenstromberg herkommt, und wandern nun am neuen Zaun
entlang mit Schweinwerfern und Kameras zur Sicherheit.
Dann geht es neben einer Wachstation durch ein Tor im Zaun
ins Innere des Petersberggeländes. Das neue Gästehaus und
Nobelhotel sitzt stattlich wie das alte „Kurhotel" des Gutsbesitzers und Kölner Parfümfabrikanten Ferdinand Mülhens, das es
ersetzt hat, auf dem Berg am Rand zum Rhein. 300 000 Mark
hatte Mülhens 1912 der Kauf des Hauses samt dem Bergplateau gekostet; für reichlich 17 Millionen kaufte 1979 die Regierung die Ruine samt dem Grund, und weitere 145 Millionen kosteten der Um- und Ausbau. Dafür strahlt das neue Gästehaus
des Bundes auch im Innern wie nach außen. Und nebenher fiel
auch noch frische Farbe ab für die Wallfahrtskapelle von 1763,
gleich dem Eingang gegenüber mit dem grimmigen Petrus auf
dem alten Porticus.
Wir wandern um das Haus herum zur Rheinterrasse mit dem
wunderbaren Blick. Dann machen wir uns an den Abstieg.
Vom Kiosk an der Rheinterrasse gehen wir nach Norden, wie
der Rhein verläuft, und folgen dann vom Tor im Zaun dem Hin-

Oberdollendorf

weis „Oberdollendorf". Der Weg bleibt anfangs nah am Rhein und läuft in weiten Kehren dann hinab. Vor einer Bodenrinne knickt er scharf nach links: Das ist der Lauf der alten Seilbahn, mit der im 19. Jahrhundert der Basalt vom nahen Steinbruch an die Landstraße befördert wurde. 1885 hatte es der Steinbetriebe wegen noch einmal Ärger auf dem Petersberg gegeben, weil die Verwaltung „Corrigenden", Sträflinge aus Brauweiler, zum Steinebrechen holen wollten: Bürgermeister Mirbach protestierte gegen solcherlei „Verletzung des Schönheitsinnes" und sorgte sich um aller Bürger Sicherheit im waldigen Gebirge, „welches für entlassene oder flüchtige Gefangene Schlupfwinkel in Menge bieten würde". Was rechte Räuber sind, die suchen auch noch Unterschlupf, wenn sie ihr Quantum abgesessen haben!

Bei einem abgebrochenen Kruzifix von 1773 kreuzen wir den Querweg ohne Steigung und wandern weiter abwärts mit der Fallinie des Berges. Es geht vorbei am „Rösing-Platz" und weiter durch den Wald bergab. Beim Kruzifix von 1724 kreuzen wir den Wanderweg mit Winkel und folgen geradeaus dem Weg nach Oberdollendorf: 1,5 Kilometer, wie wir hier lesen. Es geht halblinks hinab durch Fichtenwald, vor einer Wiese dann nach links und weiter sacht hinab, durch eine Obstbaumwiese abwärts, bis wir zuletzt auf einem schmalen Asphaltweg bei einem Bildstock Oberdollendorf erreichen und das Sträßchen „An der Luhs". Hier halten wir uns rechts und folgen dann hinter dem Haus 32a links dem Fußweg geradewegs den Hang hinab auf ungezählten Stufen.

Unten kommen wir an einem Marienkapellchen vorüber und folgen der „Marienstraße" weiter abwärts, bis wir an der „Bergstraße" auf schöne Fachwerkhäuser stoßen. Hier halten wir uns rechts und folgen dann der „Heisterbacher Straße" abwärts bis zum Bahnhof oder an der Kirche noch vorbei und rechts zum Rhein, wo immer noch die Fähre zur Bastei hinüberfährt. Und oben wirbt im letzten Sonnenschein der Petersberg um Gäste.

Vom Rhein über den Bittweg
auf den Petersberg

Weglänge: ca 11 km

Anfahrt:
Autobahn A 59 und B 42 bis Niederdollendorf, Parkplatz an der Fähre. Mit der Eisenbahn bis Niederdollendorf oder Königswinter (wo mehr Züge halten) und Rundweg entsprechend beginnen.

Wanderkarte:
Naturpark Siebengebirge 1 : 25 000

Wanderweg:
Mit der Fähre ans linke Ufer und rheinaufwärts bis Stromkilometer 645, mit der Fähre nach Königswinter. Uferpromenade ein Stück flußabwärts (Andreaskreuz), rechts „Clemens-August-Straße", „Hauptstraße" rechts und gleich links „Bahnhofstraße", Schienen passieren. Dahinter bei Gatsstätte „Zur Quelle" links „Am Kissel", vor „Lemmerz"-Werktor 7a halbrechts unter Schnellstraße her, geradeaus, am Knick des Wanderwegs rechts „Am Miresbach". Links „Petersberger Bittweg" hinauf durch den Wald, oben Straße kreuzen und bei Kreuz von 1718 links auf Plateau des Petersbergs.
Jenseits der Rheinterrasse Abstieg mit Hinweis „Oberdollendorf", vorüber an Kruzifix von 1713, weiter abwärts, vorbei am „Rösing-Platz", vorbei an Kreuz von 1724, nach Oberdollendorf. Dort Sträßchen „An der Luhs" rechts und hinter Haus 32a links Treppen hinab und unten „Marienstraße" und „Bergstraße" und „Heisterbacher Straße" hinunter zum Ausgangspunkt.

Der Petersberg ist von Königswinter aus mit Bus 521 zu erreichen, mit dem Auto nur für Hotel- und Restaurantgäste. Bei Staatsbesuchen ist das Plateau nicht zugänglich. Der Weg am Rhein ist auch am rechten Ufer (ohne Fähre) möglich.

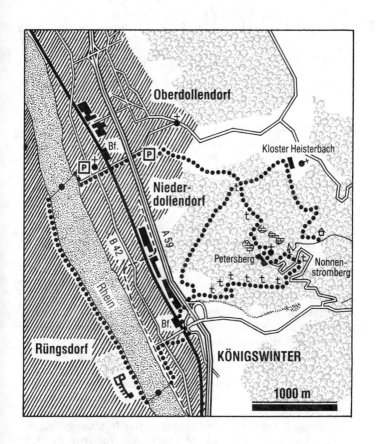

Tippeltour 10:

Zur Wiege des Bergischen Landes

Als der Graf von Berg 1216 Abt und Kloster Altenberg von seiner Steuerlast befreite, saß schon ein „Lambertus de Scherve"
zwischen ihnen am Verhandlungstisch. Seither reißt die amtliche Erwähnung der Ritter aus dem Scherfbachtal nicht ab;
noch 1460 werden sie von ihrem „Wilhelm von gotz gnaden" auf
nun schon herzogliche Weise ausgestattet mit dem Fischerei-
recht „sonder Argelist". In Höffe standen ihre Höfe, ein wenig
abseits auf der Höhe hatten sich in Schallemich die „skalken",
ihre Diener, angesiedelt; ihr Hauptsitz heißt nach einem Herrn
des 17. Jahrhunderts noch heute Amtmannsscherf. Die Landschaft nahe Odenthal ist längst ein vielbesuchtes Ausflugsziel.
Doch in dem Namen hat sich die Vergangenheit erhalten: So
läßt das Land sich lesen wie ein Palimpsest, ein altes, abge-
schabtes und erneut genutztes Pergament, das seine überholte
Inschrift noch erkennen läßt. Die Siedlungsdokumente können
es beweisen: Hier stand die Wiege des Bergischen Landes, hier
ist altes Hufeland ringsum, und ebenda, bei Altehufe zwischen
Romaney und Eikamp, beginnt auch unser Rundweg an der Höhenstraße. Die war einmal beim Volk bekannt als „Heerweg";
heute ist uns doch die amtliche Bezeichnung „Bundesstraße"
lieber: B 506.
Am Wanderparkplatz an der Abzweigung nach „Straßen" folgen
wir den Zeichen für die Wege „A 1" und „A 4", halten uns gleich
hinter dem Parkplatz aber nicht links, sondern geradeaus auf
dem als Sackgasse markierten Fahrweg, und kommen rasch
hindurch durch einen Fichtenriegel und auf der Höhe weiter auf
die Hofschaft Straßen zu. Dort verlassen wir am Strommast den
asphaltierten Weg und wandern weiter auf dem nun gesperrten
Weg („A 4"). So kommen wir am nächsten Waldrand über einen
Querweg und durch den nächsten Streifen Wald: Rechts geht
es zwischen Fichten tief hinab, links stehen dünne Buchen mit
einzelnen Lärchen dazwischen.
Wieder im Freien, dreht sich der Weg gemach nach rechts und
führt hinab, vorbei an einem Fichtensolitär am Querweg, und

Blick hinab

weiter auf das wuchtige Backsteingemäuer von Amtmanns-scherf zu: „Gut Amtmann Scherf" steht über dem Portal. Das war der Sitz der Ritter aus dem Scherfbachtal. Einer unter ihnen, Childerich von Scherf, soll einst mit seinem Kaiser in den Krieg im Morgenland gezogen sein und kehrte nur als Sagenheld zurück: Seither wartet eine schöne Jungfrau weinend Nacht für Nacht am Turm auf ihren Liebsten – nur auf sein Versprechen hin, er werde wiederkommen. Daß selbst der heiligste der Kriege Opfer fordert, mochte sie Jahrhunderte hindurch nicht glauben. 1830 wurde dann die Burg durch einen Bauernhof ersetzt, und auch der Turm verschwand um 1860. Jetzt kennt man die treue Geliebte nur noch vom Hörensagen.

Wir gehen vom Hof auf der Zufahrt über den Scherfbach hinweg und an die Talstraße heran. Ihr folgen wir auf ihrem feingestreuten Fußweg für etwa 300 Meter nach rechts und nehmen dann am Rand des Auwalds die „Schallemicher Straße" Richtung Eikamp.

Wieder geht es über den Scherfbach hinweg, dann erreichen wir den Flecken Scherf. Von der langen Geschichte des Dorfes ist vorläufig wenig zu ahnen, erst im Ortskern gibt es ein typisches Fachwerkensemble. Hier kommen wir an der Bushaltestelle vorüber und wandern auf der Straße durch die enge Kehre an einem Fichtenstück entlang. In der nächsten spitzen Kur-

Auf dem Weg nach Klasmühle

ve dann verlassen wir die Straße und folgen bei den letzten Grundstücken von Scherf dem Weg „A 2" nach links, am Zaun entlang. Da hat einer seinen „Faust" gelesen: „Hier bin ich Mensch, hier darf ich's sein", steht sauber auf der letzten Hauswand, aber ohne jede Wehmut wie bei Goethe.

An der Grundstücksecke knickt der Pfad zwischen Weidezäunen nach rechts und läuft nach etwa 100 Metern mit einer Baumreihe nach links und wieder an die Scherfbachtalstraße heran.

Hier überqueren wir die Straße und den Bach und folgen gegenüber dem Fahrweg „An der Scherf" ein Stück noch am Scherfbach entlang durch Klasmühle und dann der Straße bis an die kleine Kapelle mit dem Wanderparkplatz gegenüber. Dahinter geht es mit der „Kapellenstraße" rechts bergauf, vorbei am Kruzifix von 1911 und bei der Kastanie vorüber am letzten Hof vor dem Aufstieg auf die nächste Höhe.

Der Fahrweg schwenkt im Bogen auf die Höhe von Scheuren, berührt erst rechts, dann links bei einer Bank den Waldrand und stößt am Ende nah am Eingangsschild von Scheuren auf die Höhenstraße. Rechts geht es in den Ort. Gleich bei den ersten Häusern zweigt dann wieder rechts die kleine Wohnstraße „Wirtsspezard" ab: Wer nicht auf eine Rast im Gatshof „Heuser" aus ist, folgt hier gleich dem Weg „A 2", der von nun an auch mit

Graben in Meute

dem Andreaskreuz des „Sauerländischen Gebirgsvereins" als Wanderweg 30 markiert ist.

Auch beim Kruzifix ein paar Schritte weiter auf der „Scheurener Straße" zweigt ein Straßenstück „Wirtsspezard" ab, unser Weg biegt aber schon neben Haus 89 nach rechts, um die Höhe wieder zu verlassen. Der Weg bringt uns durch einen Bauernhof mit einer alten, 23 Meter breiten Linde. Hier hängen pralle Maiskolben in Bündeln an der Scheunenwand, auch Säcke voller Nüsse, unerreichbar allen Mäusen. Dahinter führt der Weg „A 2" ins Freie und zwischen Zäunen bald hinab, auf einen schwarzen Riegel Fichten zu.

Wo der Weg auf den Wald trifft, knickt er nach links, und dann gilt es achtsam zu sein: Nach etwa 100 Metern, hinter der Fichtenpartie, weisen uns die Zeichen gut erkennbar in den Wald. Wir verlassen hier den Weg und steigen durch das Buchenlaub hinab. Vom Waldrand unten folgen wir dem schmalen Pfad mit Koppelzäunen rechts und links. Es geht noch über einen Siefenlauf hinweg, dann erreichen wir bei einem Einzelhaus den Fahrweg und folgen ihm die Kehren hinunter nach Meute. Vor dem Wohnhaus knickt der Weg nach links und führt uns durch den Hof der alten Wassermühle, die ihren Namen von der „Muot" hat, der künstlichen Erhöhung, auf der hier früh gesiedelt wurde. Die Brücke bringt uns rechts bald wieder über den

Scherfbach hinweg, dann geht es mit dem Fahrweg „Meute-
mühle" bei Pistershausen an die Talstraße heran. Dies war in alter Zeit der Sitz des „phisters", wie der Altenberger Kloster-
bäcker hieß.

Der Straße folgen wir 200 Meter nach rechts, dann nehmen wir
den Fahrweg „Am Steinhauser Busch" nach links. Es geht beim
Aufstieg am „Haus Hubertushang" der Arbeiterwohlfahrt vorüber, hier kommen wir bei einer Schranke in den Wald und folgen nun mit dem Andreaskreuz dem Weg die kleine Bachkerbe
hinauf.

Unablässig geht es aufwärts. Nach etwa einem halben Kilometer kommen wir durch eine Doppelkehre rechts und links und
steigen weiter mit dem Wanderweg hinauf, wo wir zuletzt den
Wald verlassen und auf der Höhe weiterwandern, bis wir bei einer grün-weißen Schranke in der Biegung auf die Höhenstraße
stoßen. Links zweigt nah der Weg nach Hochscherf ab; wir
wandern auf der Straße rechts nach Schallemich. Noch in der
Kurve, vor den ersten Häusern, folgen wir dort hinter dem Buswartehäuschen der Sackgasse nach links und kommen mit
dem Wanderweg noch einmal in ein kleines Tal.

Unten in der Kehre bringt uns unser Wanderweg geradeaus
über den kleinen Käsbach hinweg, dann steigen wir mit dem

Wirtsspezard

Abwärts durch den Wald

Privatweg vor uns wieder an, entlang am Lauf des Altehufe-
bachs. So kommen wir im Schwenk nach Oberkäsbach, wo
man die Häuser anders zählt als anderswo, nämlich so zum Beispiel: 735, 734, 2.
Von Käsbach folgt der Wanderweg dem Fahrweg durch die Biegung weiter aufwärts bis nach Altehufe, wo uns unser „Ober-
käsbacher Weg" am Ende auf die „Alte Wipperfürther Straße"
bringt, den alten Heerweg und die Bundesstraße vom Beginn.
Rechts sehen wir schon fern den Parkplatz, bei die Wanderung
begonnen hat. Ein letztes Mal geht es vorbei an einem Zeugnis
ältester Besiedlung: der Hofstatt „Grünenbäumchen". Und
diesmal braucht es keine weitere Erklärung: Drei Linden stehen
vor der Tür, die sind noch jedes Frühjahr grün geworden.

Durch das Scherfbachtal und auf die Höhen

Weglänge: gut 10 km

Anfahrt:
Über Bergisch Gladbach und B 506 Richtung Wipperfürth bis
zum Wanderparkplatz zwischen Romaney und Altehufe an der
Straße nach Straßen. Mit Bus 427 von Bergisch Gladbach werk-
tags regelmäßig, sonntags gelegentlich Fahrtmöglichkeit bis
Altehufe, dann dort beginnen. Auskunft 0 22 02/5 10 81.

Wanderkarte:
Odenthal 1 : 25 000 oder Naturpark Bergisches Land Nordteil
1 : 50 000

Wanderweg:
„A 1" am Parkplatz vorbei, nicht links, sondern geradewegs weg
von der B 506 („A 4") an Amtmannsscherf vorüber zur Talstraße.
300 m rechts, dann rechts „Schallemicher Straße" durch
Scherf. Am Ortsende links „A 2", rechts und links wieder an
Scherfbachtalstraße heran. Gegenüber „An der Scherf" folgen
bis Kapelle Klasmühle, hier rechts und mit Fahrweg aufwärts im
Bogen bis Höhenstraße, rechts nach Scheuren. Mit Weg „Wirtsspezard" neben Haus 89 rechts („A 2") durch Hof hindurch
(auch Weg 30, Andreaskreuz), am Waldrand ein Stück links und
dann im Wald hinab bis Meute. Links und rechts bei Pistershausen an die Straße heran, hier 200 m rechts, dann links „Am
Steinhauser Busch" Aufstieg (Andreaskreuz). Auf der Höhenstraße rechts bis Schallemich, hinter Buswartehäuschen links
und durch das nächste Tal nach Oberkäsbach, weiter steigen
bis Altehufe und auf der B 506 rechts zurück.

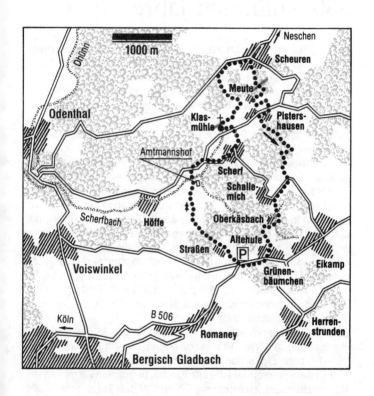

Tippeltour 11:

Links ein Klotz, 380 Millionen Jahre

Bei Schiller war der Schütze noch an Pfeil und Bogen zu erkennen. In Wipperfeld tun es die Schützen Schiller nach und landen selbst beim Reimen ihre Treffer: „Wir mögen nicht nur Kölsch im Bauch, / ein schönes Dorf gefällt uns auch." – So kann es jeder lesen auf einem Messingschild an einer Steinsäule am Parkplatz. Und wie das Pünktchen auf dem „i" steht obenauf ein Blumentopf: So ist die gute Absicht der Verfasser schon bewiesen.

Ein schönes Dorf ist Wipperfeld ganz ohne jede Frage: abseits, aber gut zu sehen von der Höhenstraße nahe Wipperfürth, nur eine Häusergruppe rings um den Hügel der stattlichen Kirche, bergisches Fachwerk mit Schiefer, bemessen in der Größe, wie es schon in einer Pfarrbeschreibung 1731 heißt: „non ampla". Zahlreich sind dafür die Siedlungsstätten in der Nähe, an die vier Dutzend gehören zum Sprengel, und alle sind sie früh entstanden, nahe an der alten Straße. Auch Wipperfelds Geschichte ragt tief in ungewisse Überlieferung hinein: Clemens, der Name des Kirchenpatrons, läßt auf eine frühe Gründung schließen, und seine stolze Kirche auf dem Buckel ist nicht die erste, die man ihm gebaut hat.

Vom Wanderparkplatz unterhalb der Kirche folgen wir dem Wanderweg „A 3" der „Professor-Mausbach-Straße" weiter den Hügel hinab. Links liegt das schöne alte Schulgebäude von 1899. Hier stand einmal die alte Kirche, begonnen vermutlich im 12. Jahrhundert, aus dem sie bis zuletzt den Turm behielt. Sie wurde ein ums andere Mal erweitert und verändert, zuletzt noch 1810, daß sie am Ende, 1892, in einem amtlichen Bericht als „stillos" gelten mochte. Da waren längst schon Pläne für den Neubau in den Köpfen.

Noch älter als die Kirche und die 1959 aufgelöste Schule ist das Bodendenkmal links am Weg: ein Steinklotz aus dem mittleren Devon, rund 380 Millionen Jahre alt und durch und durch bestückt mit allerlei Fossilien.

Xaverkreuz von 1779

Es geht nun rasch bergab, unten stößt von links der Wanderweg
9 hinzu. Wir folgen vorerst seinem Rautensymbol. Wo bald darauf der Bachlauf rechts des Wegs zum Teich gestaut ist, liegt
die alte Hofschaft „Kirche". Ihr Name kann nichts anderes be-
deuten, als daß wir hier den alten Kern von Wipperfeld zu sehen
haben, den Standort einer Kirche, die noch älter war als die am
Ausgangspunkt des Wegs. So mag hier auch ein Herrenhaus
gelegen haben, zu eigen einem Ritter „von dem Velde", und tatsächlich heißt ein Flurstück in der Nähe „An der Burg" – auch
wenn es weiter keine Spuren gibt. Am Teich vorüber, halten wir
uns rechts, kommen über den dünnen Ablaufbach hinweg und
gehen links am Hof vorbei bis an die Gabelung dahinter: Links
führt ein Weg durch die Wiesen, wir folgen rechts dem Wanderweg am Rand der Böschung („K" und Andreaskreuz). Der Weg
steigt in der Mulde eines Siefens sacht bergan, dann schwenkt
er rechts und führt uns für ein Stück am lichten Wald entlang,
zuletzt durch einen Riegel Fichten und beim Flecken Erlen an
den Fahrweg. Hier trennen sich die Wege. Der „K" verläuft nach
links, wir folgen dem Andreaskreuz nach rechts bis an den Aussichtspunkt hoch über Wipperfeld. Als Silhouette steht der
Turm der dritten Clemenskirche vor dem Licht der Sonne.

Wipperfeld

Hier zweigt beim Kreuz von 1954 unter Bäumen ein Weg nach links ab, der uns rasch bis an die Höhenstraße bringt. Dies ist der alte Heerweg, der Weg der Ritter wie der Kaufleute ins Bergische, und sicher auch der Weg von ungezählten Söldnerheeren, auch wenn sein Name gar nicht von den Truppen, sondern von dem alten Wort für „Hochweg", „hira", abgeleitet wird.

Achtsam überqueren wir die ausgebaute Bundesstraße und folgen gegenüber und ein wenig links, neben dem Schreinereibetrieb und dem Kreuz von 1855, weiter dem Wanderweg 19. Von der Höhe überblicken wir weithin die Buckel und Täler des Bergischen Landes. An einer Schafweide entlang führt uns der Wiesenweg nun sacht hinab. Vor der Hofstatt Untermausbach knickt der Weg nach links, folgt nach 150 Metern dem Querweg scharf nach rechts und bringt uns so noch vor den Häusern mit einer Linkskehre über den Wasserlauf hinweg und schon vom Hof hinweg. Hier gabelt sich der Weg: Wir nehmen nun den besseren, der rechts sacht wieder ansteigt.

Es geht durch Blumenwiesen. Wo dann der Wald beginnt, beginnt auch neu der Abstieg. Am Rand des Fichtenhochwalds zweigt rechts der Weg „A 3" ab; wir gehen weiter geradeaus, nach etwa 50 Metern zweigt unser Weg als Hohlweg rechts ab und bringt uns weiter sacht hinab.

Im Talgrund dann verlassen wir den Weg mit dem Andreaskreuz, wechseln auf dem Weg am Waldrand unterhalb, wenden uns dabei im spitzen Winkel nach rechts und wandern so nun fast zurück („A 4"). Unter uns verläuft die Große Dhünn als kleiner, junger Bach. Nach wenig mehr als einem halben Kilometer kommen wir hinab und an die Straße heran. Sie bringt uns links über den Bach hinweg. Dahinter halten wir uns rechts und wandern so dem Fließenden entgegen. Bald wird die Aue breiter, der Weg „A 4" steigt an und knickt dabei nach links, um so auf etwa einem Kilometer eine Kerbe zu umwandern. Wir folgen hier dem Lauf der Leitung über uns. Der Weg führt in den Wald, dann bringt er uns durch seine Kehre und zurück ans Tal der Dhünn, die unter uns in ihrem Wiesenbett verläuft. Gut einen Kilometer geht es so bachaufwärts, mehrfach über kleine Zulaufbäche hinweg, bis wir bei einer grauen Eisenschranke den Wald verlassen. Hir folgen wir dem Fahrweg, der gleich vor einem Quertal scharf nach rechts knickt und uns unten über den Bach und an die Hofstatt Niederdhünn bringt.

Zwei Wachhunde geben es jedermann schriftlich, ehe sie ihn beißen bei Bedarf: „Vorsicht, wir tun unsere Pflicht." Links gibt sich ein Kadett als Manta aus und reiht sich so in eine lange Ahnenreihe ein von Insel-, Teppich- und Ostfriesenwitzen.

Wir folgen dem Asphaltweg nur ein kurzes Stück. Beim Wohnhaus Nummer 2, neben der einzelnen Fichte, steigen wir links neben dem kleinen Bachlauf erneut hinauf (weiter „A 4"). Wo das Wasser bald zu einem kleinen Teich gestaut ist, glitzern spiegelnde Skulpturen rings am Ufer: nicht wirklich Kunst, doch kunstvolle Versuche, die Reiher abzuschrecken, die sich im Schutz des Artenschutzes hier ihre Beute holen wollen.

Es geht am Waldrand und an Ginsterbüschen stetig aufwärts. Nach einem halben Kilometer knickt der Weg unter Buchen nach links und steigt durch eine lange Doppelkehre weiter an, durch Fichten und zum Wald hinaus, vorbei an einem Hochsitz, wo er sich mit einem zweiten Weg vereinigt und zuletzt bei einer roten Schranke vollends den Wald hinter sich läßt. Rechts und halbhoch in der Mulde liegt die Hofstatt Arnsberg. Hier wandern wir vorüber und kommen mit dem Fahrweg dann aufs neue an die Bundesstraße auf der Höhe, die hier so hoch ist, daß sie einen Namen ganz für sich hat: „Schniffelshöh" – 318 Meter. Von weitem grüßt uns schon der Kirchturm, unser Ziel.

Hier oben teilen sich die Wasser aus den vielen Quellen in den Mulden: Was hüben anfällt, wird zur Dhünn, drüben fließen die Gewässer in die Sülz. Die bergischen Buckel rings um uns her sind urbar seit Jahrhunderten, bewaldet einzig noch die unwegsamen Hänge und die Kerben mit den Quellen. Auch die Obhut über Wald- und Ackerbau oblag einmal den Wipperfelder Pfarrern, nicht allein die Sorge um die Seelen. Schon 1753 wandte der Pastor sich seinen Bäumen zu, „damit die Pastoral büsche, welche gantz Verhawen Undt Verdorben, allgemach wiederumb mit Jungen Eichen Undt Buchen stämmen mogen ersetzt Undt Verbessert werden." Das Hirtenamt indes verstand auch er ganz metaphorisch und überließ den Wald den anderen zur Pacht.

Von der Haltestelle auf der Höhe gehen wir nach rechts und folgen gegenüber gleich dem Fahrweg „Oberholl" (weiter „A 4"). Auch dieser Flecken liegt wie alle an den Hang geduckt. Das Sträßchen dreht sich zwischen den Häusern hindurch in Richtung Wipperfeld. Bei der letzten Scheune läuft der Pfad nach links im Gras hinab, kommt über einen Siefen und folgt am Waldrand neben einem Ameisenhügel einem breiteren Weg in der Böschung nach rechts. Beim Wegekreuz nach gut 200 Metern kommen wir rechts über den Wasserlauf hinweg und stei-

Blick zurück

gen dann auf einem Wiesenweg die Böschung geradewegs hinauf. Oben erreichen wir zwischen den Häusern den „Felderweg" und folgen ihm nach rechts, bis wir am Gasthof „Heinrichs" auf die „Dorfstraße" stoßen, die uns links, vorbei am
schönen Xaverkreuz von 1779, zurück zur Wipperfelder Kirche
bringt, der dritten, aber längst der einzigen.
1894 hatte man sie eingeweiht; die alte wurde darauf zügig abgerissen. Doch auf den Ansichtskarten aus der Sommerfrische
grüßte Wipperfeld noch bis ins zwanzigste Jahrhundert mit
einem Kirchenzwillingspaar.

Von Wipperfeld ins Tal der Dhünn

Weglänge: ca. 10 km

Anfahrt:
Über Bergisch Gladbach oder A 4 bis Moitzfeld, dann Herkenrath, Spitze, Bechen und B 506 bis zur Abzweigung nach Wipperfeld. Dort Parkplatz unterhalb der Kirche, gegenüber „Zur Dorflinde". Mit Bus 427 auch werktags nur mäßige Verbindung. Auskunft 0 22 02/5 10 81.

Wanderkarte:
Wipperfürth 1 : 25 000 oder Naturpark Bergisches Land Nordteil 1 : 50 000

Wanderweg:
Mit „A 3" „Professor-Mausbach-Weg" ins Tal bis Teich bei Hofschaft „Kirche". Hinter dem Teich rechts über Ablaufbach und Wanderweg 19 (Andreaskreuz) bergauf, auf Fahrweg rechts und links („X") weiter bis an die B 506. Gegenüber weiter mit Weg 19 durch Untermausbach und weiter bergab bis in den Talgrund. Hier auf Weg am Waldrand unterhalb wechseln und rechts zurück („A 4") bis an die Straße. Links über die Dhünn, dahinter rechts mit „A 4" und im weiten Bogen Zulauftal umwandern und weiter dhünnaufwärts bis graue Eisenschranke. Hier rechts Fahrweg durch Niederdhünn und mit Asphaltweg bergauf, durch Doppelkehre, an Hofstatt Arnsberg vorüber bis auf B 506. Gegenüber, leicht rechts, Fahrweg „Oberholl" („A 4") und durch den Weiler. Bei den letzten Häusern links hinab zum Bachlauf und am Waldrand rechts. Nach gut 200 m Wegekreuz: Hier Wiesenweg hinauf in den Ort, „Felderweg" rechts bis Gasthof „Heinrichs", dann links „Dorfstraße" zur Kirche.

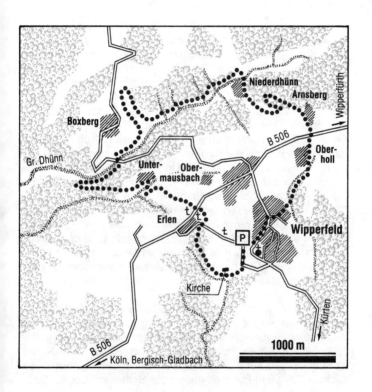

Tippeltour 12:

Auf den Spuren frommer Sagen

Es war einmal, da geschahen noch Zeichen und Wunder, und auch die Wunder waren Zeichen, Fingerzeige göttlicher Gerechtigkeit wie dieser hier: Da lebte spät im 13. Jahrhundert ein wilder Ritter, Guntram von Kranz, der raubte einem armen Alten fast wegen nichts das Augenlicht. Im selben Augenblick jedoch ward seine Tochter blind und wollte daher Abschied nehmen von der Welt. Ins Kloster zog es sie, nach Herchen an der Sieg. Bei einer Rast im Ohmbachtal verlangte sie nach Kühlung, doch kaum ward ihr von der Begleiterin das Angesicht benetzt, da konnte sie auch wieder sehen: „Und bergansteigend", heißt es in der Sage, „sieht sie am fernen Ufer der Sieg des Klosters Raum, ihr Asyl, herüberschimmern."

Ein Mirakel, keine Frage, rätselhaft schon deshalb, weil man „bergansteigend" nicht einmal die Sieg und ihre Ufer sehen kann. Ansonsten aber stimmt die Örtlichkeit: Es gab das Kloster, und es gibt die Quelle, auch gibt es zwischen beiden einen „Heilquellenweg", doch ob das Fräulein den gegangen ist, darüber schweigt die fromme Sage. Vielleicht ist sie ja auch zurückgekehrt – und nicht ins Kloster.

Wir wandern heute immerhin ein Stück auf diesem Weg, das letzte Stück beinahe – und das schönste. Der Weg beginnt zwei Kilometer weit vor Herchen: Vom Bahnhof halten wir uns auf der „Siegtalstraße" in Richtung Herchen. Noch vor der Abzweigung der Landstraße nach Leuscheid folgen wir dem Fußweg nach rechts („A 5") und kommen neben den Schienen über die Straße und die Sieg hinweg.

Dahinter unterquert die Bahn den Umlaufberg. Wir sehen schon die Tunnelöffnung, aber steigen vorher links hinab und gehen vor den Tennisplätzen wieder links im scharfen Knick zurück und unter der Brücke hindurch („A 4"). Hier wechseln wir hinüber auf den schmalen Uferweg und folgen ihm ein Stück flußabwärts, unter der Straßenbrücke hindurch, auch über den Ohmbach hinweg und links hinauf bis vor ein Fachwerkhaus. Rechts bringt uns der Asphaltweg („K") nun ohne große Rück-

sicht geradewegs den Berg hinauf. Wir kreuzen bald den Fahrweg „Hohnsiefen" und steigen weiter mit dem Sträßchen „Zum
Werferstein". Rechts verläßt uns der „A 3", um hier dem Siegver-
lauf zu folgen. Wir kommen mit dem „K" vorüber an „Haus Werferstein", noch in der Kehre dahinter bringt uns rechts der kleine Pfad hinauf.

Am Rand der Siefenkerbe geht es immerzu bergan, vorüber an
der „Tannenstraße" und weiter mit dem „Kölner Weg". „Auf dem
Berg" heißt unser Fahrweg – und mit Recht. Es geht vorbei am
„Gasthof Christel Weber" und weiter mit dem „K", noch einmal
mit dem Weg „Zum Werferstein". Am Fachwerkhaus 53 biegen
wir rechts in die „Ortsstraße" ein, berühren abermals die „Tannenstraße", dann die „Imkerstraße" und kommen mit der
„Schnepperstraße" sacht hinauf. Bei Haus 33 folgt der „K" dem
Fahrweg nach rechts und weiter aufwärts. Wir kommen noch am
Reiterhof „Kitha" vorüber. Wo dahinter die Straße die „Feldstraße" kreuzt, kommen wir über die Höhe hinweg und wandern
weiter mit der „Schnepperstraße" an den Pferdekoppeln vorüber, erstmals sacht bergab.

Dann, noch ehe wir die Landstraße nach Leuscheid berühren,
halten wir uns rechts und folgen dem festen Weg „K" nach
rechts in den Wald. Neben uns fließt der kleine Igelbach durch
die sattgrüne Aue. Nach etwa 300 Metern schwenkt der Weg

Die Sieg

nach links, wir kommen über den Bach hinweg und wandern weiter durch das breite Tal mit Sommerwiesen, bald hinweg unter Hochspannungsdrähten und an Pflaumenbäumen vorüber. „Weierswiese" heißt nun unser Weg. Wo wir dann am Rand von Alsen auf den „Rainweg" stoßen, müssen wir nach links und durch den kleinen Ort, links dem Lauf des „Rübengartens" und, nach einer braunen Scheune, rechts der „Grummertswiese" folgend. Bei Haus 12 halten wir uns links und folgen dem Fahrweg weiter bergauf. Wo wir dann noch einmal den „Rübengarten" berühren, nehmen wir Abschied vom „K" des „Kölner Wegs", der nun rechts verläuft, und wandern mit der „Forststraße" geradeaus auf Leuscheid zu. Der ruhige Asphaltweg führt uns sacht hinab. Ehe wir das Hochspannungsgewirr erreichen, folgen wir dem kleinen Weg nach links („A 3") und kommen so unter den Leitungen hindurch und über einen Wasserlauf hinweg und an die Straße heran.

Hier folgen wir nicht länger den Markierungen, die uns mit der Straße schicken wollen, sondern wandern gegenüber, an der Esche, geradeaus und am Waldrand nach oben. Dann überqueren wir im Weglosen die Wiese und steigen aufwärts bis zu einem Einzelhof. Rechts bringt uns nun die Brücke über die Umgehungsstraße hinweg und geradewegs nach Leuscheid. Dort stößt die „Waldstraße" auf die „Heilbrunnenstraße". Wir gehen

Gut im Futter

rechts, nur ein paar Schritte auf die neue, weiße Kirche zu, dann folgen wir sogleich der „Alten Marktstraße" nach links hinab, vorbei an der katholischen Marienkirche von 1717, im Schwenk nach rechts und endlich an die Hauptstraße des Dorfes.

Im Schankraum der „Gaststätte Paulus" hängt an der Wand die päpstliche Geburtsurkunde von „Liuunskeit" oder „Lievenskeit" und seiner Kirche: die erste schriftliche Erwähnung durch Innozenz II. am 31. März 1131. Schon 1564 freilich sagte Leuscheid sich vom Papsttum los, bis 1640 ging es hin und her, dann war die schöne Kirche für den Papst verloren, die Katholiken mußten neu beginnen. Wir wandern draußen weiter, auf die Kirche zu, die weiß, mit schiefergrauen Türmen, nach wie vor den Ort beherrscht: Drei Nonnen sollen sie begonnen haben, für jede war ein Turm gedacht, dann starb die dritte, und so blieb vom Nordturm auf dem Querhaus nur der Vorsatz. Sein Gegenüber aber ist vollendet; das heißt, die zweite Klosterfrau muß alt genug geworden sein, zweihundert Jahre ungefähr, um nach der Grundsteinlegung auch die gotische Erweiterung noch zu erleben. Schon wieder ein Wunder?

Am Basaltsäulenbrunnen vorüber, erreichen wir die Kirche und sehen uns ein wenig um, entdecken den geschmückten Taufstein aus der Anfangszeit der Kirche und den gotischen Altaraufsatz aus einer Kölner Werkstatt.

Dann wandern wir weiter, gehen vom Eingang im Westturm an der großen Kastanie vorüber nach Nordwesten und folgen dem gesperrten Pflasterweg („Moesstraße") hinauf, im Schwenk vorüber am Gemeindehaus, bis wir am Fußballplatz erneut die „Heilbrunnenstraße" erreichen. Hier halten wir uns rechts und folgen gegenüber gleich der „Reidersdorfer Straße" links, hinweg unter der neuen Straße, nach Reidersdorf. Dort, bei den letzten Häusern, macht die Straße eine vollständige Kehre. Wir halten uns hier bloß im rechten Winkel nach links, achten vorerst nicht auf die Markierungen und nehmen den gesperrten Fahrweg, der in der Böschung an einem Fichtenstück vorüberführt. Am Gittermast der Stromleitung vorüber, wandern wir am Waldrand weiter, über die Höhe hinweg und sacht im Schwenk, bis der Wald zur Linken endet. Noch hundert Meter weiter, erreichen wir ein Wegekreuz. Hier halten wir uns links, auf eine Gruppe schöner Eichen zu, und folgen dann dem „H" nach rechts, am Rand von Weideland auf einen Hochsitz zu und weiter geradeaus. Am Waldrand stoßen wir auf einen Weg und folgen ihm nach links hinunter in die Mulde. Wo wir, nun im Wald, die Biegung eines festen Wegs erreichen, weisen uns die Zei-

Leuscheid

chen scharf nach rechts. So steigen wir auf weichem Nadelbo-
den abwärts, links durch eine Kehre, schließlich an den Bach
heran: Hier war es, wo das Edelfräulein wieder sehend ward.
Wir finden bei der Schutzhütte die Quelle neben einem Kruzifix,
daneben gleich zwei Steine zum Gedenken: Der ältere von 1891
grüßt das Kreuz vertrauensvoll („spes unica"), der andere be-
teuert eine zweite wundersame Heilung: „Hier bin ich gesund
geworden 17. 3. 1973."
Wir wandern in derselben Richtung weiter, in der Böschung gegenüber am Geländer schräg hinauf. Wo wir sogleich den festen Weg erreichen, halten wir uns links und folgen nun dem
Heilbrunnenweg („H") zurück bis Herchen: Nach etwa hundert
Metern schon verlassen wir den breiten Weg und nehmen
rechts einen Pfad in die Böschung. Eine Weile geht es sacht
bergauf, dann im Absatz des Geländes ungefähr zwei Kilometer
weit durch wechselnde Partien Wald, immer ohne nennenswer-
te Steigung. Einmal folgt der „H" für kurze Zeit einem breiteren
Weg durch ein Stück Fichten; etwa fünfzig Meter dahinter führt
uns das Zeichen wieder links auf einen gutmarkierten Saum-
pfad. Er bringt uns gleich aus dem Laubwald hinaus und durch
einen Taleinschnitt wie einen halben Trichter, in dem der Sturm

gerodet hat. Hier führt der Weg vorbei an einer Bank mit einem ungelenken Motto für so ziemlich alle Lebenslagen: „Nie ist man so glücklich oder unglücklich, wie man glaubt."

Durch einen Fichtenriegel hindurch, kommen wir wieder in Eichenbestände und erreichen bald den Oberrand des Laubwalds, wo ein Wirtschaftsweg verläuft. Kaum haben wir den breiten Weg erreicht, verlassen wir ihn schon nach ein paar Schritten links und wandern rechts nun durch den Fichtenwald, bis wir an eine Lichtung stoßen mit einem breiten Wirtschaftsweg davor. Ihm folgen wir nach rechts und sacht bergauf im leichten Bogen und kommen so zum Wald hinaus. Links sehen wir das Bodelschwingh-Gymnasium hoch über Herchen.

Nun nehmen wir den asphaltierten Weg halblinks und wandern auf das Siegtal zu. Nach gut zweihundert Metern kreuzt ein Querweg; wir wandern weiter geradeaus, auch vorüber an der Abzweigung des „Katzensteinwegs" zur „Rekt.-Kühne-Hütte" und weiter „Auf der Hardt". Gleich darauf zweigt links der „Talblick" ab, und das ist nicht zuviel versprochen, denn vor uns lädt mit Tisch und Bank ein Aussichtspunkt zur Rast sowie zum schönsten Blick auf Herchen, der sich denken läßt. Wir schauen auf die Sieg und ihre Schleife, den hübschen Ort und seine beiden Kirchen, die Boote auf dem Wasser und am Ufer die Antonius-Kapelle von 1702. Dort stand einmal das Kloster, ehe es an Schulden und der Pest zugrunde ging.

Von hier aus bringt der Fahrweg uns hinab, vorüber an der Zufahrt zum Gymnasium und abwärts mit dem „H" bis an den Fluß. Es geht am „Tannenhof" vorbei, und wo dann rechts die Leitplanke endet, führt ein Pfad zur Sieg hinab, der wir bloß noch durch die Uferwiesen folgen müssen bis zur Brücke und zum Bahnhof.

Doch das hat Zeit, denn vorher wollen wir noch Herchen kennenlernen; und so bleiben wir noch „Auf der Hardt" bis an das Sträßchen „In der Au", nehmen rechts die Brücke in den Ort – und glauben schon dem Baedeker von 1889: „Herchen ist der schönste Luftkurort des Siegtals."

Von Herchen an der Sieg nach Leuscheid

Weglänge: ca. 13 km (zzgl. Abstecher nach Herchen)

Anfahrt:
Autobahn A 3 bis AS Hennef Ost und auf der Siegtalstraße über Eitorf nach Herchen Bhf. Oder einfach mit der S-Bahn (Linie 12) oder Eilzug bis Herchen.

Wanderkarte:
Naturpark Bergisches Land Südteil 1 : 50 000

Wanderweg:
Vom Bahnhof Richtung Herchen, vor Straße nach Leuscheid rechts „A 5" und mit Eisenbahnbrücke über die Sieg. Dahinter siegabwärts am Ufer bis Bach. Hier „K" rechts bergauf, hinter „Haus Werferstein" rechts Pfad weiter bergauf („K"), zuletzt an Reiterhof „Kitha" vorüber und mit der „Schnepperstraße" über „Feldstraße" hinweg. Noch vor der Landstraße rechts bis Alsen, dort „K" verlassen und mit „Forststraße" geradeaus Richtung Leuscheid. Noch vor der Hochspannungsleitung links „A 3" bis an die Straße, gegenüber ohne Zeichen aufsteigen und rechts über Umgehungsstraße nach Leuscheid. Rechts, dann links hinab zur Hauptstraße und links zur Kirche. Aufstieg über „Moesstraße" zum Sportplatz und „Reidersdorfer Straße" nach Reidersdorf folgen. Am Ortsende links und Weg in der Böschung folgen. Am Waldrand entlang, 100 m hinter Waldende Wegekreuz: Dort links, bei Eichen rechts und hinab zum Heilbrunnen („H"). Von dort Aufstieg auf festen Weg, 100 m links und rechts Pfad in der Böschung bis oberhalb Herchen. Halblinks hinab, an Abzweigungen vorüber und mit „Talblick" (!) hinab an die Sieg. Entweder nach Herchen hinüber oder zuvor an die Sieg und am Ufer entlang zurück.

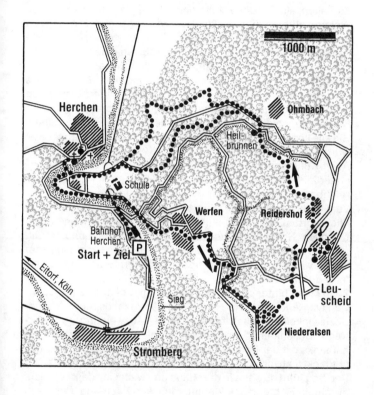

Tippeltour 13:

Von Hexen keine Spur

Zu Zeiten, als der Böse sich noch Blicken ließ auf unverhofften Wegen, lebten neben weißen Reitern oder schwarzen Hunden auch noch Hexen längs der Wiehl, die schönste und die jüngste kam aus Auchel. Die steckte ihrem Liebsten einen Apfel in die Tasche, aber als er nachsah, war es eine Kröte.

Die schöne Hexe wäre heute eine Nixe und die Kröte allenfalls ein Frosch, denn Auchel und die Nachbardörfer, Finkenrath und Dresbach, Jägerhaus und Berg, auch Sprenklingen und Niederodenspiel und Hohl mitsamt der Eisenbahn dazwischen: Sie alle liegen unter Wasser, seit die Wiehltalsperre eingerichtet wurde, 1975.

Auch Kühlbach mußte weichen, erhalten blieb der Kühlberg, unser Ziel, und Odenspiel auf seiner Höhe, dem Wasser unerreichbar, Ausgangspunkt für diese Tippeltour.

Vom Parkplatz folgen wir dem Weg „A 4" an der Kirche vorüber nach Norden, vor dem stattlichen Schieferhaus nehmen wir den Querweg „Rehwinkel" nach links, vorbei am „Sonnenhang" und „Am Kurpark" gegenüber und geradewegs zum Ort hinaus. Hier haben wir schon unser Ziel vor Augen, den Holzturm auf dem fernen Kühlberg.

Zehn Meter hinter dem Ortsschild folgen wir links dem Wiesenweg am Rand der Weide abwärts. Unten geht es rechts mit der „Meiswinkeler Straße", bis wir bei der Abzweigung des Fahrwegs „Dellenkamp" am Briefkasten die Straße verlassen und halblinks mit der Böschung weiterwandern. Beim Blick zurück entdeckt man hie und da den Hinweis auf den Wanderweg „A 2". Der Weg führt abwärts in die Mulde und weiter mit dem Bachlauf durch ein Fichtenstück, dahinter knicken Bach und Weg nach links und führen so vereint ins „Alte Tal". Wo bald der Talgrund enger wird mit Fichtenwäldern links und rechts, schwenkt unser Weg nach links und bringt uns über den Bachlauf hinweg. Es geht im Fichtenstück ein wenig aufwärts, vorbei an einem alten Steinbruchloch, dann schwenkt der Weg vor einem zweiten Tal nach links und führt uns einem neuen Wasserlauf entgegen. Rund einen halben Kilometer bleiben wir noch so am Waldrand und auf dem „A 2", dann führt uns die erste Brücke auf die andere Seite, und wir folgen nun am Rand der Böschung dem Hinweis „Aussichtsturm" nach rechts, bachabwärts.

Nach etwa 150 Metern beginnt der Weg den Aufstieg in der Böschung, durch die Fichten. Oben folgen hohe Kiefern. Nahe einem Strommast in der Schneise stoßen wir bei einer Bank auf einen zweiten Weg, der uns ohne große Steigung längs der Böschung weiterführt. Tief unten schimmert grün der erste Ausläufer der Talsperre. Bald schwenkt der Weg nach rechts und folgt der Formung des Geländes. Es geht vorbei an einer Tafel „Streeshardt" neben einem kleinen Wasserlauf und einer Schranke gegenüber, die einen Weg ans Wasser sperrt.

Nun führt der Weg am Lärchenwald entlang, bis wir unter der Stromleitung die Wiese erreichen: Der Durchblick durch die Schneise reicht bis Odenspiel mit seiner weißen Kirche. Etwa 150 Meter jenseits der Leitung stoßen wir auf den Rundweg „A 1"; hier gabelt sich der Weg, rechts heißt er „Sprenklinger Weg" nach einem jener Dörfer, die verlassen werden mußten. Wir bleiben links und kommen an der freien Hochfläche an eine Schutzhütte heran.

Von hier aus folgen wir dem Asphaltweg nach links, am Wiesenrand vorbei an einer Pflanzung junger Buchen. Wo der feste Weg nach etwas mehr als hundert Metern dann nach links schwenkt, halten wir uns rechts und folgen dem markierten

Im Tal

„Hilgenbornweg" mit einer rot-weißen Schranke. Auch der „A 1"
ist gegen unsere Laufrichtung gekennzeichnet. Bei der Gabelung nach zweihundert Metern halten wir uns rechts, auf dem
besseren Weg, und kommen weiter durch den neu gepflanzten
Wald.

Bei der Einrichtung der Talsperre wurden auch die Uferhänge
aufgeforstet, 2,4 Millionen Laubhölzer und 0,4 Millionen Nadel-
hölzer wurdern angepflanzt, bunt gemischt, wie schon zu sehen
ist, ein weit geschecktes Eldorado für die Vogelwelt mit Hau-
bentauchern, Reihern, Rüttelfalken und Milanen.

Im Hochwald schwenkt der Weg nach links, dann schimmert
schon das Holzgerüst des Kühlbergturms durch die Zweige. An
der „Doppeleiche" steht die nächste Schutzhütte. Hier kreuzen
sich die Wege an der Wandertafel. Wir folgen geradewegs dem
Holzschild „Zum Aussichtsturm" und kommen mit dem Weg
„A 3" links an der Gabelung vorüber und zum Turm.

Zehn Treppen, 155 Stufen bringen uns hinauf auf 32 Meter Höhe. Dann haben wir die Wasserlandschaft auf drei Seiten unter
uns, 189 Hektar Wasser, ringsum eingerahmt von Wald, im Westen den Entnahmeturm, daneben den Damm, 360 Meter lang
und bis zur Krone 53 Meter hoch.

Dies alles, was uns hier zu Füßen liegt, hundertachtzehn Siedlungen, Weiler und Dörfer auf hundertvierzehn Kilometern im
Quadrat, ist „Reichshof", bei der Kommunalreform von 1969

Gut zu sehen

neu benannt mit einem alten Namen: Weil hier Silber zu gewinnen war, gehörte das Gebiet dem Reich. Kaiser Barbarossa schenkte seinen „Reichshof" 1167 mitsamt „Bewohnern, Silbergruben und Besitzungen" dem Kölner Erzbischof Rainald von Dassel. Der hatte nicht einmal zwei Wochen Zeit, sich über das Geschenk zu freuen. Er starb schon dreizehn Tage später, und mit den Jahren kam der Reichshof an die Grafschaft Berg und damit ins „Bergische Land".

Wieder unten an der Schutzhütte, gehen wir zurück zur Wandertafel an der Hütte und folgen nun halbrechts dem Weg „A 3". Wo nach gut 400 Metern vor einer Weide im Wald der Weg nach rechts knickt, steigen wir zur Linken am Weidezaun entlang hinauf, kommen erneut unter der Leitung her und folgen auch am Ende der Umzäunung weiter geradeaus dem Weg nach oben durch die Wiese, bis wir auf der Höhe die Fahrbahn erreichen. Hier halten wir uns rechts und nähern uns nach einem kleinen Waldstück auf der linken Seite dem Weiler Heseln. Rechts liegt Schalenbach in seiner Mulde. Gleich beim ersten Hof von Heseln halten wir uns links und wandern mit dem Wanderweg „A 4" auf der „Heselner Straße" im spitzen Winkel links zurück und auf die Höhe. Bald knickt der Weg nach rechts und bringt uns an den „Packsbuchen" vorüber.

Hinter der Baumgruppe folgen wir dem festen Weg nach rechts, kommen auf den Wald zu und nach dem Querweg weiter geradeaus, vorbei an einem Weg, der in den Wald hineinführt. Nahe einer Hütte stößt dann unser Weg auf einen Querweg. Heseln liegt nun rechts; wir halten uns hier links und wandern durch den Bitzer Busch, der anfangs weniger ein Busch als bloß ein Name ist: Hier hat der Sturm der Säge schon das Gröbste abgenommen. Nach der Pflanzung kommt ein wenig Hochwald, am jenseitigen Waldrand folgen wir dem Weg nach links bis an die Straße, die nach Schneppenhurth hinüberführt.

Hier könnte es gewesen sein, wo nach der Überlieferung ein Küster samt Pastor dem Teufel gegenüberstand und auf den Bösen eindrosch, statt zu beten: „So schlag ich nun mit Jesu Wunden / Dich, Teufel, bis zur Höll hinein!", soll er gerufen haben, daß der Satan mit dem üblichen Theaterdonner krachend in die Tiefe fuhr.

Kaum haben wir die Straße erreicht, steigen wir schon ein paar Meter weiter links am Rand des Weidelands erneut hinab bis in ein Bachtal. Unten folgen wir dem unmarkierten Weg nach rechts, kommen in der Aue über einen Zulauf hinweg und wandern weiter durch das Weidetal auf Erdingen zu.

Hoch hinauf

Die erste Möglichkeit nach langem, quer durchs Tal nach links zu gehen, bringt uns an einer hölzernen Scheune vorüber und am Dreiweg dahinter halbrechts mit dem Asphaltweg in den Ort. Zwischen den Häusern folgen wir dem Sträßchen „Rodland" nach links, bleiben bei der Gabelung noch einmal links und kommen so am letzten Hof zum Ort hinaus. Der Weg umrundet eine Mulde, an der spitzen Ecke einer kleinen Eichenpartie nehmen wir rechts den Asphaltweg hinauf, erreichen die Höhe und wandern wieder abwärts, weiter geradeaus. Bald führt der feste Weg am Wald entlang und bringt uns unten über einen Bach, der rechts zu einem kleinen Teich gestaut ist. Dahinter gehen wir noch einmal links und scheinbar in den Wald hinein, doch wenig mehr als hundert Meter bloß: Dort wenden wir uns dann, noch vor dem Wasserlauf, im spitzen Winkel rechts zurück und steigen so die Böschung auf den Berg hinauf, am Waldrand weiter bis an eine Bank am Wegekreuz. Dahinter sehen wir den spitzen Turm der alten Kirche, unser Ziel, und gehen geradewegs der Nase nach. Die mittelalterliche Johanneskirche wurde 1573 evangelisch, die alten Glocken blieben hängen, doch keiner hat sie jemals wieder so geläutet wie die Protestanten 1794 beim Tod der fernen Landesmutter, Kurfürstin Maria Elisabeth Augusta: Sechs lange Wochen dreimal täglich eine Stunde.

Zwei mit Weitblick

Von Odenspiel zum Kühlbergturm im Oberbergischen

Weglänge: 12 km

Anfahrt:
Autobahn A 4 Köln-Olpe bis AS Bergneustadt/Denklingen, weiter Richtung Brüchermühle, Denklingen, nach Erdingen und Odenspiel. Parkplatz gegenüber der ev. Kirche.

Wanderkarte:
Reichshof im Oberbergischen Land 1:25 000

Wanderweg:
Vom Parkplatz „A 4" nach Norden und links „Rehwinkel"; 10 m hinter Ortsschild links Wiesenweg hinab, unten „Meiswinkeler Straße" rechts bis Abzweigung „Dellenkamp"; hier halblinks „A 2" ins „Alte Tal", Linksknick, zuletzt links über den Bach und weiter „A 2" in zweitem Bachtal, nach ca. 0,5 km rechts über Brücke und 150 m rechts. Dann halblinks Aufstieg, oben um Berg herum und weiter bis Freifläche und Schutzhütte („A 1" links). Mit „A 1" am Wiesenrand, bei Linksknick des Fahrwegs nach gut 100 m rechts und bald abermals rechts bis „Doppeleiche" mit Schutzhütte und Wandertafel. Von dort „A 3" zum Turm und zurück. Weiter „A 3", bei Rechtsknick nach 0,4 km links am Weidezaun hinauf bis auf Asphaltweg auf der Höhe, rechts nach Heseln. Am Ortsbeginn links spitz zurück und mit „A 4" um „Packsbuchen" herum, am Waldrand entlang bis auf Querweg. Hier links, durch den Wald und weiter bis an Straße bei Schneppenhurth. Links hinab ins Bachtal und rechts auf Erdingen zu. Später erster Querweg links und Aufstieg in den Ort, links durch „Rodland" zum Ort hinaus und durch Mulde bis Eichenstück. Hier halbrechts hinauf, über die Höhe und geradewegs hinab bis Bachtal. Dahinter 100 m links und in spitzem Winkel rechts hinauf und auf der Höhe bis Odenspiel.

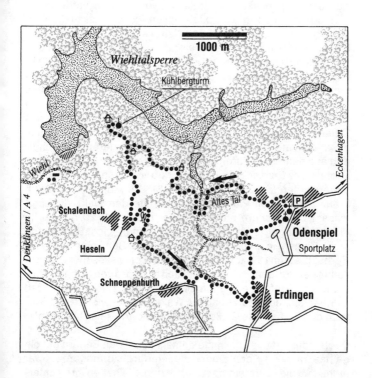

Tippeltour 14:

Fern liegt Weibern

Kurfürst Johann war der Erzbischof von Trier, er hatte Gottes
Wort so oft verkündet, was blieb ihm übrig, als auch an die Kraft
des eigenen zu glauben? 1584 erließ er eine Ordnung für die Eifel, betreffend ihren Wald und wie man pfleglich mit ihm umgeht.
Seit Hunderten von Jahren hatte man den Wald hier nur zurück-
gedrängt. Der Nachfolger auf seinem Stuhl, Lothar von Metter-
nich, tat es ihm 1613 nach, und noch im großen Krieg bemühte
sich der nächste auf dem Thron, Kurfürst Philipp Christoph von
Sötern, 1647 wieder um den wüsten Wald: man solle doch das
Ödland wenigstens zur Hälfte neu bepflanzen. Das Gegenteil
geschah: Jetzt gingen die Gemeinden noch daran, die Schulden aus dem Krieg durch Holzeinschläge zu begleichen, unge-
achtet ihres Erzbischofs Johann Hugo von Orsbeck und seiner
anderslautenden Befehle von 1688, 1694 und 1699. Auch
Franz Ludwig von Pfalz-Neuburg regelte den Wald, die Jagd
mitsamt der Fischerei auf dem Papier, nämlich 1720, nun durfte
niemand länger roden oder Kohlen brennen, nicht Schafe und
nicht Ziegen in die Forsten treiben, die Schweine nur vom
Herbst bis zum Dreikönigstag. – Es half dies alles nichts: 1733
stellte der Kurfürst – inzwischen hieß er Georg von Schönborn –
mit Bedauern fest, es hätten sich die Geißen über alle Maßen
eingeschlichen in den ruinösen Wald, nun rief er statt nach Tin-
te zu den Waffen: die Geißen, so sie plündern, seien totzuschie-
ßen.
Doch jeder Ort der Eifel hatte damals nebst den Bauern gut ein
halbes Tausend Schafe oder Ziegen durchzubringen. Es war
nicht, daß die Leute widersetzlich waren. Sie hätten ihren unter-
tänigsten Gehorsam gegenüber Gott und Kurfürst gern in alle
Rinden eingeschnitten, doch Rinden gab es kaum noch in der
Eifel: Die Ziegen und die Schafe hatten alles kahlgefressen, wie
hätte man sie anders füttern sollen, zumal die neuen Knollen
aus Amerika noch lange Zeit verdächtig waren?
So kam es, daß ein Geistlicher auf Reisen um dieselbe Zeit das
Eifelland als eine „jämmerliche Gegend" zu beschreiben hatte,
als „unwirtliche Landschaft", wie er fand, „mit nackter Oberflä-
che".

Wacholderkerzen

Das änderten dann erst die Preußen – mit Fichten und Gewalt.
Im Laufe des 19. Jahrhunderts wurden 40 000 Hektar Ödland
aufgeforstet, meist gegen den Willen der Bauern. Die Fichte
mußte sich den Namen „Preußisch Holz" gefallen lassen, oft
auch, daß sie heimlich ausgerissen wurde, doch mit den Jahren wuchs der Wald, und von den Schafen in der Eifel, 1828
noch 280 000 Stück Vieh, blieb nach achtzig Jahren nur ein
Zehntel übrig. Das alte Bild der Eifel wie das neue können wir
bequem studieren bei einem schönen Sonnenweg über die
Hochflächen der Arfter Heide: Wacholder am Weg, das einzige
nebst Stacheldraht, um das auch Schafe einen Bogen machen,
dazwischen Nadelholzkulturen. Wir folgen links der Straße dem
Asphaltweg mit dem Hinweis auf die Gaststätte „Sophienruh"
in Langscheid, an der Weide als Weg „5" markiert; es geht an
Fichten vorüber, dann öffnet sich der Blick nach rechts ins Tal
mit einem kleinen Wintersportgebiet. Wir sehen: So erzeugt
man heute Ödland. Es geht vorbei an Ginster und Wacholder,
dann durch einen Riegel mit Fichten und Kiefern: Hier knickt
der Fahrweg sacht nach links, wir folgen geradeaus dem Schotterweg ins Tal, auf Arft zu („5"). Rasch kommen wir hinab, doch
ehe wir im Ort vollends das Bachtal erreichen, folgen wir hinter
dem Haus 44 dem aufsteigenden Weg „4" nach links, kommen
so zum Ort hinaus und wieder auf die Höhe. Beim dunklen Holz-

kreuz der Fritzdorfer Jodokus-Pilger von 1984 erreichen wir
wieder den Fahrweg vom Anfang; ihm folgen wir nach rechts
und wandern ohne Steigung am Büsch-Berg zur Linken entlang.
Bald erreichen wir eine Paßhöhe, vor und hinter uns fällt das
Gelände ab ins Tal, daneben steigt es zu den Kuppen; hier finden wir bei einer Bank ein Eifeler Basaltlavakreuz und wenig
weiter eine Kreuzung, mit Holztafeln sorgsam beschildert
(„Langscheid", „Netterhöfe"): Nun verlassen wir den Fahrweg
mit der „4" und steigen in die Biegung am Waldrand rechts hinauf, am Acker entlang und am Hochsitz vorüber. Oben halten
wir uns vor dem Waldrand links, nach 250 Metern folgen wir
dem Waldrand nach rechts, bleiben oberhalb des Asphaltwegs
noch bis zum jenseitigen Rand des Ackers mit der großen
Eiche, dann steigen wir links hinunter, auf den Hochsitz zu, und
folgen hier erneut dem Asphaltweg nach rechts (hier Weg „2").
Gegenüber liegt nun Langenfeld mit seiner großen Kirche. So
kommen wir zuletzt nach Langscheid und folgen unserem Fahrweg bis in den Ort, wo er am Ende des „Hellewegs" auf die Pension „Sophienruh" stößt. Rechts liegt der schöne Dorfkern mit
Linde und Kapelle, nach einem kleinen Rundgang steigen wir
vor der Gaststätte „Krupp-Schlömer" wieder links hinauf und
folgen dem Hinweisschild zur „Wanderhütte". Nach dem Linksknick erreichen wir rasch wieder den „Hohlweg", der von Haus
„Sophienruh" hinaufführt und folgen dem Fahrweg links („Neuer Weg") zum Wanderparkplatz. Hier öffnet sich tief unter uns
das Tal des Weiberner Bachs, fern liegt Weibern, gut erkennbar
an der Kirche, wichtig wegen seines Tuffsteins, den man in Maria Laach und in den gleich berühmten Kirchen Kölns verbaut
hat.
Am Parkplatz vor der Wanderhütte halten wir uns rechts und
möglichst nah am Hang und kommen unterhalb der Hütte wieder ins Freie mit Ginster, Wacholder und Kiefern. Bei einer Sitz-
bank, die nichts weiter ist als ein halbierter Stamm, knickt der
Weg nach links und vereinigt sich mit einem zweiten, der von
rechts heraufkommt. Dies ist der schon bekannte Weg „2"; wir
wandern weiter links, der Weg folgt ohne Steigung der Gelän-
deform, dreht sich in der Böschung bald nach rechts, an Schle-
hengebüschen vorüber, zuletzt in lichten Wald. Wo vor uns
dann die Böschung abfällt, folgen wir dem „2" durch eine spitze
Kehre nach links und kommen steigend bei einer Birke mit Bank
wieder auf den Fahrweg des Anfangs.

Im Schutzgebiet

Rechts kommen wir bald aufs neue an die Kreuzung mit den hölzernen Schildern; ein Stück lang folgen wir dem Weg nach „Netterhöfe", nach knapp 400 Metern, als wir das Gefälle vor uns sehen, steigen wir links den unmarkierten Weg zwischen Fichten den Hang hinauf. Auf dem Bergrücken folgen wir dem Querweg nach links und sacht bergauf, durch Ginster und Wacholderwildnis, bis die Kuppe des Büsch-Bergs rechts über uns liegt. Der Weg läuft weiter geradeaus, wir aber steigen hier die letzten Meter rechts hinauf auf die felsige Kuppe, auf deren dünner Krume nur noch Gras und Erika zu Hause sind, dazwischen Kerzen von Wacholder. Der Trigonometrische Punkt gibt es uns gleich darauf amtlich: 587 Meter sind wir hier hoch. Höher sind nur noch die Lerchen.

Der Weg verläßt den Berg, bald haben wir wieder den Fahrweg erreicht bei dem Jodokuskreuz. Ein Stück lang folgen wir dem Asphaltband, in der Rechtsbiegung nach gut 200 Metern nehmen wir den Feldweg nach rechts, auf den Strommast zu und am Hochsitz vorüber; bei der Wegegabelung am Fichtenstück halten wir uns links, wandern zwischen Waldrand und Schonung entlang; schon beim Wegekreuz nach 120 Metern wenden wir uns wiederum nach links und steigen zwischen Kiefern und Wacholder auf den sanften Buckel, hinweg über den Querweg, bis wir zuletzt aufs neue den Asphaltweg erreichen.

Menke-Stein

Der bringt uns nun nach rechts, entweder zum Auto zurück oder
lieber doch zum Höhepunkt des Rundwegs für heute: Wo wir
den Parkplatz schon erkennen, wenden wir uns in der spitzen
Kehre nach rechts, folgen schon nach etwa 75 Metern dem Weg
nach links, steigen behutsam und bleiben bei der Gabelung
kurz darauf rechts, entlang an einem frischen Birkenstück mit
hohen Tannen dahinter, dann stoßen wir auf einen festeren Weg
und folgen ihm nun rechter Hand. Im nächsten Linksknick gabelt sich der Weg, wir bleiben links und steigen mäßig weiter
und folgen so für eine Zeit dem Hang des Raßbergs.
Ohne Querweg läuft der Weg nun etwa einen Kilometer, bald
taucht links über uns die Zufahrtstraße auf, es geht vorbei an einem Kreuz für Matthias Mannebach, der 1955 hier gestorben
ist, zuletzt, und noch bevor wir auf die Straße stoßen, die wir etwa 100 Meter vor uns sehen, nehmen wir den kleinen Pfad die
Böschung links hinauf, überqueren oben vorsichtig die Straße
und kommen gegenüber ins Wacholderschutzgebiet.
Geradeaus, am Rand des Ackers, läuft ein Weg, wir aber wenden uns hier sacht nach links, an einem Hochsitz vorüber und
steigen im Weglosen weiter, zwischen Ginster und Wacholder,
hinweg über Beeren am Boden und Gras. So sieht die Eifel aus,
wenn sie sich selber überlassen ist. Beim Weg hinauf entdek-
ken wir dann auch die Hohe Acht und haben ihren Kegel wie zur

Orientierung immer rechts über der Schulter. Manchmal taucht daneben auch die Nürburg auf.

Auf dem Höhenrücken dann erreichen wir einen breiteren Weg im Grasboden, ihm folgen wir nach links und noch einmal sacht steigend. Dies ist der Weg „5", er bringt uns bald vorbei am Stein für Heinrich Menke (1880–1956), den „verdienten Schützer der Natur", wie wir lesen, und weiter bis zur Straße. Hier folgen wir nun dem Weg „5" bis zum Schluß, kreuzen die Straßen und finden darüber, wieder im Naturschutzgebiet, einen anderen Gedenkstein mit dem bekannten indianischen Porträt von Konrad Adenauer. Den hat zu seinem hundertsten Geburtstag die CDU von Mayen-Land dort hingestellt – aus Dank, so hieß es 1976, für seine Aufbauarbeit für das Land und die Region, nicht

Gedenkstein

etwa, weil im selben Jahr der hiesige Ministerpräsident und selbsternannte Erbe Adenauers Kanzler werden wollte. Er wurde es ja dann auch erst sechs Jahre später. Für die Preußen jedenfalls und ihrem „Eifelfonds" von Jahr für Jahr 10 000 Taler gibt es keinen Stein.

Gleich hinter dem Denkmal können wir die Runde um den Berg verkürzen, nehmen rechts den aufsteigenden Weg und kommen oben an der Militäranlage vorüber, dahinter wieder auf den ebenen Weg „5", der uns nach rechts bringt und zurück zum Ausgangspunkt.

Durch die Arfter Wacholderheide

Weglänge: knapp 14 km, ohne Runde durch den Menke-Park ca. 10 km

Anfahrt:
Anfahrt über A 1 Köln–Koblenz bis AS Wehr, von dort Richtung Nürburgring, an Kempenich vorüber, dahinter links in Richtung Mayen, jenseits der Militäranlage auf dem Gipfel Parkplätze links und rechts der Straße (ggf. auch am Menke-Park, Naturschutzgebiet).

Wanderkarte:
1 : 25 000 Osteifel (Rhein-Eifel-Mosel-Touristik); L 5708 Mayen

Wanderweg:
Links Asphaltweg nach Langscheid (Hinweis „Sophienruhe") folgen, durch Waldriegel, im Linksknick geradeaus Schotterweg „5" nach Arft; hinter Haus 44 links Aufstieg mit „4" bis erneut an Asphaltweg (Jodokus-Kreuz), rechts folgen wir Abzweigung nach „Netterhöfe", hier rechts am Waldrand hinauf (Hochsitz), Verlauf des Waldrands folgen (links, rechts, links, Weg „2"), wieder auf Asphaltweg und rechts nach Langscheid, „Helleweg"; oberhalb „Sophienruhe" über „Hohlweg" und „Neuer Weg" zum Wanderparkplatz, rechts an der Böschung haltend unter Wanderhütte vorüber, ins freie Gelände; bei Holzbank Linksknick und mit Weg „2" ohne Steigung links in der Böschung, Rechtsknick und rechts bis in den Wald; hier links im spitzen Winkel zurück und wieder auf Asphaltweg; rechts halten, dann mit Schild „Netterhöfe" rechts, nach 400 m links auf Höhenrücken und links über Büsch-Berg (rechts Aufstieg zur Kuppe), weiter wieder auf den Asphaltweg, rechts, an Holzkreuz vorüber, 200 m weiter rechts, an Strommast und Hochsitz vorüber, bei Gabelung vor Fichten links und nach 120 m wieder links und über Kuppe erneut zurück auf Asphaltweg; rechts./In Sichtnähe des Ausgangspunkts spitzwinklig rechts hinauf, nach 75 m links und bei Gabelung rechts haltend an Birken- und Tannenstück entlang, mit festerem Weg halbrechts weiter, bei Linksknick links haltend und nach ca. 1 km, vor der Straße, links hinauf, Straße kreuzen und halblinks durch Menke-Park steigen; oben auf „5" links, vorbei an Menke-Stein, Straße kreuzen, Adenauer-Stein und bei Gabelung rechts, an Antennenanlage vorüber und rechts zurück.

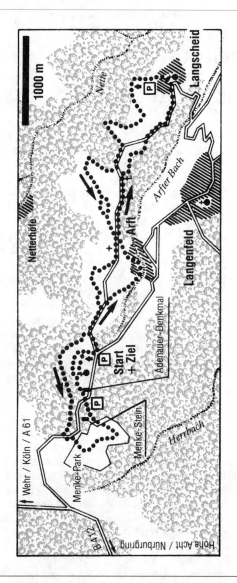

Das Gebiet der Arfter Wacholderheide ist durch den ebenen, gesperrten Fahrweg nach Langscheid auch für Rollstuhlfahrer und Kinderwagen geeignet.

Zu den Kletterfelsen im Rurtal bei Nideggen

Tippeltour 15:

Golddorf mit roter Kulisse

Die Blenser borgten sich ein klassisches Zitat und fordern jedermann am Wanderparkplatz auf: „Steig aus und wandere!" So ähnlich hatte Jesus zu den Schriftgelehrten schon gesprochen bei seiner Wanderung durch Galiläa: „Welchs ist leichter / zu dem Gichtbrüchigen zu sagen / Dir sind deine sünde vergeben? Oder / stehe auff / nim dein Bette / vnd wandele?" Er wartete die Antwort gar nicht ab, was hätten sie auch sagen sollen, und der Gelähmte nahm sein Bett und ging von dannen, der Lähmung ledig wie der Sünden. Zurück blieb die erstaunte Menge und sprach: „Wir haben solchs noch nie gesehen." Kein Wunder: ein Wunder.

Die Blenser, wenn sie den Text des Evangeliums nach Markus überhaupt zitieren wollten, geben sich zufrieden mit dem Wortspiel; und wären sie auch davon überzeugt, daß ihre Wanderlandschaft wunderschön ist, sie machten davon keinerlei Gebrauch. Statt dessen werben sie bei den Besuchern mit dem Ehrennamen „Golddorf". Im landesweiten Blumenkastenwettbewerb erwarben sie sich 1985 mit dem Motto „Unser Dorf soll schöner werden" die goldene Medaille.

In Blens beginnen wir den Rundweg durch das Tal der Rur. Zu Wasser, Land und in der Luft sind mit uns viele unterwegs, paddeln auf der Rur und mit dem Seil am Sandsteinfelsen. Wir wandern von der Kirche auf der St.-Georg-Straße zurück in den Ort, vorbei an der Kölner „Eifelhütte" des Alpenvereins, die schon an der Hauswand Vorfreude aufs Klettern wecken soll: 214 Meter, steht hier, sind wir hoch. Wir kommen an der Feuerwehr vorüber, wo man sich allein auf Schlauch und Leiter nicht verlassen will, wie uns die Sandsteinplatte zeigt: „Vor Brand und Schand schütz Gottes Hand."

Am „Blenser Platz" erreichen wir die Brücke und folgen durch die „Pützfeldstraße" im Ort dem Lauf der Rur.

In der Straßenbiegung kommen wir an einem Kruzifix vorüber und stoßen dann bei einer Scheune auf die „Greenstraße"; hier folgen wir dem Weg nach rechts, nach „Abenden", wie wir auf einem Holzschild lesen. Wir wandern durch die breite Flußaue, berühren bald bei einem Steinkreuz kurz den Fluß, wo gegen-

Wassersportler auf der Rur

über, oben auf dem Felsenrücken, ein Steinhaus sitzt, und wandern weiter mit dem Lauf des Wassers. Hier haben wir schon einmal Reiher in Scharen entdeckt, heute sind es bunte Boote, junge Leute, die sich mit dem Kanu durch die Wirbel mühen. Am Böschungsrand des Bachtals wandern wir mit dem Weg „4" (Keil) nach rechts, wo wir dann gleich die Mulde eines Wasserlaufs erreichen, verlassen wir vorübergehend den markierten Weg, der uns in weitem Bogen auf die Höhe brächte, und steigen in der Böschung geradewegs auf schmalem Pfad hinauf, bis wir dann oben wieder den bequemen Weg erreichen, der nun schon wieder allmählich an Höhe verliert.

Bald erreichen wir die Schienenstrecke der Rurtalbahn von Düren nach Heimbach und folgen ihr, auf dem „Weißdornweg" an Gartengrundstücken vorüber, bis nach Abenden. Am Haltepunkt kommen wir über die Geleise hinweg, dahinter gleich über die Rur. Hier treffen wir nun auch die Wassersportler wieder, in rascher Fahrt erreichen sie die Brücke und tauchen unter uns hindurch. Jenseits des Flusses steigen wir am Mühlbach entlang in den Ort mit hübschen Häusern links und rechts. Kein „Gold-Dorf" diesmal, aber doch „et jlöchlichste Dörpche" weit und breit, so lesen wir es gleich im Schankraum vom „Hotel zur Post" in liebevollen Versen.

Gegenüber stehen die Besucher an für Pflaumenkuchen; dort folgen wir, vom Fluß her kommend also rechts, der „Blenser Straße". Hier sind die Sockel und Gesimse, die Mauern und zuletzt die Kirche allesamt gebaut aus jenem roten Sandstein, der diesem Stück des Rurtals seinen Reiz verleiht.

Schon jenseits der Kirche, dem „Martinsweg" gegenüber, nehmen wir den schmalen Weg nach rechts, am Friedhof entlang und in der Linksbiegung aufs neue an die Rur heran. Hier kommen wir an den letzten Häusern von Abenden vorüber, bei der Stromleitung, vor Haus 14, folgen wir dann dem gestreuten Weg nach rechts, am Fluß und den Eschen am Ufer entlang. Nach gut 200 Metern, am Ende einer Pappelreihe, steigen wir vor einer einzelnen Esche links hinauf durch die Felder, kreuzen rechtsversetzt noch einen Querweg und erreichen oben den Wanderparkplatz „Auf dem Bühl" an der Umgehungsstraße. Achtsam überqueren wir die Straße und folgen gleich dahinter in der Böschung dem Fahrweg „Auf dem Schildchen" nach links. In einer weiten Kehre kommen wir nach oben, vorbei an einem Ahornbaum mit einem Kruzifix darunter; dann steigen wir bei einer Holzbank in der Linksbiegung nach oben, wo wieder Häuser stehen. Neben Haus 4 finden wir halbrechts dann einen schma-

Erntezeit

len Hohlweg, der uns an der Rückfront einiger Gärten entlang-
führt. Am Waldrand stoßen wir auf einen Fahrweg und folgen
ihm nach rechts, am Oberrand der Böschung weiter ohne Steigung oder merkliches Gefälle.

Bald wandern wir durch hochstämmigen Eichenwald hoch über
dem Rurtal zur Rechten, nach weniger als einem halben Kilometer überqueren wir einen schmalen Streifen Wiese im Wald,
dann ist der Weg nur noch ein Pfad am Hang des Eichenwaldes.
Hie und da tritt nun der blanke Felsen aus dem Grasboden mit
Glockenblumen: Konglomeratgestein, rotes, kieseldurchsetz-
tes Geröll, scheinbar locker, doch zu „Härtlingen" verfestigt in
mehr als zweihundert Millionen Jahren. Auch rote Sandsteinfelsen treten nun zutage.

Sie sind im Mesozoikum entstanden, genau gesagt: vor unvor-
stellbar langer Zeit, die nun schon mehr als hundertmal so weit
zurückliegt wie die Eiszeit des Quartärzeitalters. Auf die Schie-
ferschichten des Devonzeitalters legte sich in Jahrmillionen aus
verwitterndem Gestein ein Deckgebirge, rot verbrannt vom
Wüstenklima. Dieses Sediment war unterschiedlich hart, ver-
witterte teils mehr, teils weniger und wurde schließlich durch
den Lauf der Rur im Westen angeschnitten. So kam es zu den
aufgetürmten Buntsandsteinbastionen, die wir heute hier entdecken.

Nachdem der Weg im Hang uns noch herumgeführt hat um eine Mulde, erreichen wir das Naturschutzgebiet „Breidelsley". Vorsichtig klettern wir ein wenig auf dem roten Stein herum, genießen den Blick über Blens und das Rurtal und sehen auf den nächsten Steinpaketen Kletterer bei ihrem schwindelnden Geschäft.

Dann folgen wir weiter dem Pfad in der Böschung, bald führt er uns im Zick-Zack-Kurs zwischen Farnkraut und Eichen hinab, wo unten ein Asphaltweg in die Rurtalstraße mündet. Ein wenig weiter hätten wir Gelegenheit, die schönsten Kletterfelsen über Tritte zu erreichen, wir aber wandern hier nun links, folgen dem asphaltierten Fahrweg hinweg vom Tal der Rur, an Weideland entlang im Bachtal aufwärts und bald vorüber an der „Kölner Hütte". Oben ist der Bach gestaut zu einem Teich mit Schilf und armstarken Forellen. Es geht zuletzt im Fichtenwald durch eine doppelte Kehre bergauf, dann erreichen wir beim Forsthaus Bade den bequemen Höhenweg im Wald. Ihm folgen wir nach rechts; nach einem knappen Kilometer haben wir den Wald verlassen, und wo nach rund zweihundert Metern dann noch einmal von links der Wald den Weg berührt, wenden wir uns rechts im spitzen Winkel und nehmen hier den Weg durch die Felder. Nach wiederum zweihundert Metern folgen wir dem Weg halblinks in der Böschung hinab mit weiten Blicken über die wellige Landschaft.

Alte Burg Hausen

Die Hänge auf der Höhe über Hausen sind deutlich wie Wein-
bergterrassen gestuft, und tatsächlich wurden hier im Rurtal
früher Reben angebaut. Noch im Jahre 1888 gab es Winzer im
Nidegger Land und Weinberge, „die in günstigen Jahren einen
recht genießbaren Rotwein liefern", wie damals ein Reisender
schrieb. Der schöne Wiesenweg bringt uns nun in einer scharfen Linkskehre hinab; wo er bald darauf nach rechts schwenkt,
steigen wir im Scheitelpunkt der Kurve rechts hinab vom Weg in
die Geländekerbe und verfolgen einen schmalen Hohlweg, der
uns im Talgrund neben einem Kruzifix auf einen festeren Weg
führt, der uns rechts nach weniger als einem halben Kilometer
zu einem Wanderparkplatz bringt. Von hier aus folgen wir dem
Asphaltweg weiter geradeaus, bis wir nach Hausen kommen.
Die spätgotische Wirtschaftsburg vor der Nikolauskirche von
1834 heißt heute „Burghotel", die Wassergräben wurden 1900
zugeschüttet, und nur die Tore zeigen noch den einstigen Cha-
rakter der Anlage.
Wir wandern an der alten Burg vorüber und hinab ins Flußtal, in
der Biegung bei „Haus Rurtal" überqueren wir den „Raiffeisen-
platz", die Eisenbahnschienen dahinter und zuletzt die Rur mit
vollbesetzten Campingplätzen an den Ufern. Dann folgen wir
dem Fahrweg bis nach Blens, zunächst jedoch nur hinauf auf
die Höhe, wo eine Bank steht, weil es gegenüber, bei den roten
Felsen, immer etwas zu entdecken gibt.

Fern von Köln

Zu den Kletterfelsen im Rurtal bei Nideggen

Weglänge: ca. 13 km

Anfahrt:
Autobahn A 1 bis AS Euskirchen/Zülpich, Richtung Zülpich über B 265 weiter, dann entweder über Nideggen oder Heimbach und jeweils Richtung Heimbach oder Nideggen bis Blens; Parkplatz neben der Kirche.

Wanderkarte:
1 : 25 000 Dürener Rur-Eifel oder 1 : 50 000 Deutsch-Belgischer Naturpark, Nordteil

Wanderweg:
Über „St.-Georg-Straße" zum „Blenser Platz" an der Rurbrücke, von dort „Pützfeldstraße" durch Linksbiegung, vor Scheune auf „Greenstraße" und rechts in Richtung Abenden; in der Böschung geradewegs hinauf, oben mit Wanderweg 4 (Keil) nach Abenden; rechts durch den Ort, rechts durch „Blenser Straße" bis hinter Kirche, gegenüber „Martinsweg" rechts am Friedhof entlang, Linksknick, vor Haus 14 rechts am Fluß entlang, nach 200 m links hinauf bis Wanderparkplatz „Auf dem Bühl"; Straße kreuzen, „Auf dem Schildchen" links und durch Rechtskehre, dann abermals links und bei Haus 4 halbrechts Hohlweg; im Wald Fahrweg rechts am Hang folgen, hinter Naturschutzgebiet „Breidelsley" mit Kletterfelsen Abstieg, unten Asphaltweg links folgen bis Fahrweg bei Forsthaus, dort rechts, nach 1 km, ca. 200 m hinter Waldrand, spitzwinklig rechts und nach 200 m halblinks in der Böschung hinab, durch Linkskehre, im Scheitelpunkt der Rechtsbiegung rechts hinab, unten breitem Weg nach rechts folgen, am Wanderparkplatz vorüber nach Hausen); vor „Burghotel" rechts hinab zur Rur (Brücke) und gegenüber Fahrweg zurück nach Blens.

Das Betreten des (Vogel-)Schutzgebietes Breidelsley ist vom 15. 1.–31. 5. eines jeden Jahres nicht gestattet.

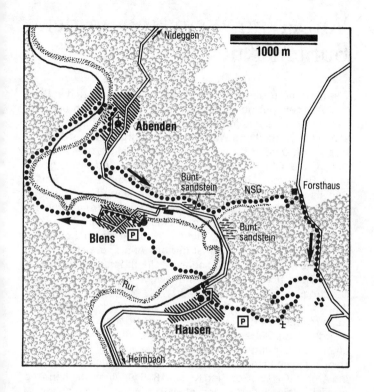

Tippeltour 16:

Vorbei am Wein und an der Bunten Kuh

Was andernorts der bunte Hund, das ist im Tal der Ahr die „Bunte Kuh": bekannt bei jedermann und sprichwörtlich berühmt seit alters her, auf jeden Fall seit 1844: „Dieses Felsentor zwischen Mergenthal und Walporzheim", schrieb damals der Professor und Dichter Ernst Moritz Arndt, „schließt die erhabene Ahr zu, und mit Walporzheim und dem weiter und breiter geöffneten Blick über Ahrweiler hin öffnet sich die ‚schöne Ahr'."

Damals stand der Ahrtourismus in der ersten Blüte, seit 1830 gab es eine Straße längs des Flusses, damit die Fremden leichter kämen; seit ein paar Jahren ist man nun dabei, eine zweite danebenzulegen, damit sie nicht mehr alle kommen. So ändern sich die Zeiten, geblieben ist der alte Andrang, geblieben ist auch das Motiv, seit 1602 sogar mit Urkunde bestätigt im Ahrweiler Ratsbuch: „Der Wein ist hiesiger Gegend führnehmste Nahrung."

Wir wollen heute wandern wie in alter Zeit: von Ahrweiler bis nach Marienthal, das „Mergenthal" des Bonner Gelehrten, immer durch die Rebenhänge hin und über die Höhe zurück. Für allerlei Verführung längs der Strecke ist gesorgt, für reichliche Begleitung ebenso, vor allem an einem „recht heiteren Tag", wie ihn Arndts Kollege Gottfried Kinkel 1846 für einen solchen Weg empfahl. Vom Niedertor, dem alten Rheintor in der Stadtumwallung, wandern wir durch Ahrweiler, beim alten Rathausbau, in dem nun das Verkehrsamt sitzt, halten wir uns rechts, auf die Weinberge zu, kommen vorbei an der schönen Laurentiuskirche, schwenken rechts vor der Metzgerei „Meister" und kommen links dann, am „Burghof"-Kino vorüber, schon wieder aus dem Ring der Stadt hinaus.

Hinter dem Adenbachtor überqueren wir die Eisenbahn mit dem Haltepunkt „Ahrweiler-Markt", danach die vielbefahrene Umgehungsstraße, dann erreichen wir den Weg ins Adenbachtal, den Zugang zum Rotweinwanderweg, der uns als Weinbaulehrpfad klug den Hang hinauf begleitet. Die schönen Portugiesertrauben wie der Spätburgunder längs der Route sind dem

Bunte Kuh

Zugriff der Besucher vorsorglich durch Maschendraht entzogen. Der Wirtschaftsweg führt uns hier geradewegs hinauf zwischen die Betonpfeiler eines Eisenbahnviadukts, das niemals weiter gedieh als bis zu diesen Stümpfen. 1910 ist hier mit Schwung begonnen worden. Es sollte eine Strecke werden, die von Trier bis Liblar führte und so das Erz aus Lothringen bequem bis an die Eisenschmelzen an der Ruhr befördern konnte. Auf diesen Gleisen hätte man indes auch leicht Soldaten in die umgekehrte Richtung bringen können. Das war der eigentliche Plan, der nach dem Chef des Generalstabs Schlieffen seinen Namen hatte. Der Krieg kam aber schneller als die Eisenbahn, und aus dem ausgedachten Blitzsieg der Strategen wurde nach vier Jahren eine Niederlage. Gemäß dem Frieden von Versailles kam 1919 Elsaß-Lothringen zurück an Frankreich, nun floß von hier kein Erz mehr an die Ruhr, und die Soldaten wollten sich die Sieger auch vom Halse halten. Die Strecke wurde für die Zukunft nur mit einem Gleis gestattet: Verkehrsberuhigung nach Siegerart. Die Arbeit wurde zwar noch einmal trotzig wiederaufgenommen, doch 1924 sah man ein, daß diese Strecke gar nicht mehr zu brauchen wäre. So blieben nur die Stümpfe, kriegsversehrte Reste aus der Kaiserzeit mit einem schmalen

Marienthal

Weiterbau auf halber Höhe, Garanten des Friedens auf ewig – oder doch für fünfzehn Jahre.

Gleich hinter den Pfeilern steigen wir links in der Kehre hinauf bis an den Rotweinwanderweg mit dem Traubensymbol. Ihm folgen wir nun dort, wo wir ihn treffen, nach links und lange Zeit durchs Tal der Ahr.

Gegenüber leuchtet das Kloster Kalvarienberg in der Sonne. Früher stand dort, gut für alle zu erkennen, der Ahrweiler Galgen; dann kam um 1440 ein Ritter aus Jerusalem zurück und fand, die Höhe sei der Kreuzesstätte Golgatha genügend ähnlich, um eine Kirche dort zu bauen. 1634 entstand ein Franziskanerkloster, 1838 eine Ursulinenschule, 1897 der gotisierende Neubau, zuletzt der gewöhnungsbedürftige Anbau.

Der Weg bringt uns der Enge des Ahrtals entgegen, bald kommen wir in eine Kerbe im Gelände und hinab in einer Kehre, drüben dann erneut hinauf, auf dem Fahrweg zunächst, nach der Rechtskehre dann auf dem Fußweg weiter bis zum Haus „Hohenzollern". Der Rotweinwanderweg führt uns nun oberhalb der gutbesuchten Herberge vorüber und weiter durch die Reben. Ein Stück noch steigen wir, dann haben wir die Kuppe erreicht, wo uns der Herbstwind schon empfängt. „Im Teufenbach" heißt nun die Route geradeaus, wir aber halten uns erst links und folgen dem gesperrten Fahrweg am Rand des Waldstücks entlang und zuletzt durch Eichenpartien zur Aussichtsstätte „Bunte Kuh". Wir finden eine Hütte vor, 235 Meter hoch, daneben eine runde Kanzel für den Ausblick auf die Ahrromantik mit der Katzley gegenüber und dem braunen Fluß am Grund. Der Kuhkopf selber, wie die „Bunte Kuh" bei Arndt noch hieß, liegt unsichtbar tief unter uns. Im Übermut, so geht die Sage, soll einer dort hinaufgeklettert sein, um eine Flasche Wein zu trinken, erstens, und, zweitens, seine Socken auf dem Fels zu wechseln. Es galt da nämlich eine Wette zu gewinnen, und weil er beides schaffte, war nun die vereinbarte Belohnung fällig: eine Kuh, man ahnt es, eine bunte – und seither hat der Felsen, sagt man, seinen neuen Namen.

Wir wandern nun den Abstecher zurück und folgen dann dem Fahrweg weiter auf dem Rotweinwanderweg.

Zweimal haben wir Gelegenheit, vom neuen Federroten zu probieren: Wir passieren den „Altenwegshof" unter Nußbäumen und wenig später auch den „Försterhof" inmitten seiner Reben, wo in einer vorgebauten Laube die Zecher frohgemut beisammen sitzen. Hier gabelt sich der Weg, wir folgen dem Zeichen links am Haus vorbei, dann wenig später rechts, nicht steil hinab nach Walporzheim. Auch an der Fischley wenig später gibt es einen gut besetzten Pavillon, acht Meter höher als die „Bunte Kuh", deren Felsennase wir nun unten sehen können. So wandern wir weiter auf dem Weg mit dem Traubensymbol, bald über einen Buckel hinweg, so daß wir mit der nächsten Hütte schon den Wendepunkt entdecken: Marienthal, das wenig später, als der Weg nach rechts schwenkt, eingerahmt von Rebenhängen zu erkennen ist. Graf Adolf von der nahen Saffenburg begünstigte die Gründung eines Augustinerklosters im Seitental der Ahr, 1137 zogen hier die frommen Schwestern ein. Die Aufhebung im Jahre 1802 hat dieses Kloster nicht mehr rückgängig gemacht, seit 1925 dient es nun als Weindomäne. Wir sehen unten die barocken Bauten, die Kirchenruine und hinter der Ahrschleife Dernau im Tal. Wo über uns zuletzt der Wald beginnt, stoßen wir bei einer grünen Bank auf eine Serpentine, hier halten wir uns links, hinab und fühlen uns beobachtet und unbehaglich: Wir sehen Überwachungskameras und Stacheldraht und einen weißen Zweckbau in der Senke. Wir stehen vor der „Dienststelle Marienthal", dem „Ausweichsitz" gemäß dem Sprachgebrauch der Mächtigen, der selber mehr ausweicht als sitzt. Dies ist, im Klartext, der Regierungsbunker für den Vorfall, der in jener Sprache V-Fall heißt: den nächsten Krieg, ob mit oder ohne Atom. Von hier aus ziehen sich die Stollen dreißig Kilometer durch die Schieferfelsen mit Wohn- und Arbeitsraum für Kabinett und Parlament, für Militär und eine zahllose Verwaltung: 10 000 Menschen insgesamt.

Der größere Rest der Bevölkerung, annähernd 97 Prozent, hat keinen Bunkerplatz. So kommt dann nach dem Krieg das Parlament aus seinem Loch und wählt sich wohl ein neues Volk.

Wir wandern an dem Milliardenloch vorüber, durch die Kurve hinab bis an den Fahrweg und dann rechts der Straße nach, an verspiegelten Scheiben vorbei und an Felsenwänden links und rechts mit großen Toreinfahrten. Nach über einem halben Kilometer, hinter dem Linksknick der Straße, verlassen wir sie dann nach rechts, kommen an künstlichen Teichen vorüber und auf dem splittgestreuten Weg in den Wald. Noch einmal stoßen wir auf einen Zaun und Stacheldraht, hier halten wir uns linker Hand und steigen dann im Siefental für lange Zeit hinauf, am kleinen Wasserlauf zur Rechten entlang. Der Boden ist feucht und ein wenig morastig, von Hufen zertreten und allerlei Schnauzen zerwühlt. Vereinzelt finden wir ein Zeichen: „3". Oben wird die Mulde flacher, das Rinnsal rechts wird hier zur Suhle, dann kommen wir in hohen Laubwald, die Böschung ebnet sich zur Linken, und der Weg schwenkt sacht und trocken rechts, dann links und auf den Waldrand zu.

Hier steht an einer krummen Eiche das „Holzweiler Kreuz", 296 Meter hoch. Fern liegt Lantershofen, vor uns Felder auf der Höhe. Wir halten uns am Waldrand rechts (Holzschild „Försterhof"), nach hundert Metern nehmen wir den Weg nach links und durch den Acker, auf den Hochsitz zu am Waldrand gegenüber. Von dort aus folgen wir nun rechts dem Waldrand, bis zuletzt der Weg an einem zweiten Hochsitz links und in den Wald führt. Hier stoßen wir nach fünfzig Metern auf einen Querweg („Rundweg 20") und folgen ihm nach links.

Rechts fällt das Gelände ab; bald führt ein Weg ins Tal, ein zweiter kommt von links, wir wandern weiter ohne Höhenunterschied und erreichen bald die Hütte auf dem Silberberg mit dem gezimmerten Turm über dem weißen Vermessungsstein. Viel ist hier nicht mehr zu sehen, Tannenwipfel riegeln schon das Ahrtal ab.

Neben dem Turm beginnen wir den Abstieg, ein kleiner Pfad läuft in der Böschung geradeaus, zunächst durch Tannenwald, dann durch lichte Eichen. Noch vor dem Waldrand knickt der Weg nach links, und wir erreichen den Oberrand der Rebenhänge über Ahrweiler. Ihm folgen wir weiter nach links, noch einmal durch ein Stückchen Wald, dann erneut am Weinlaub weiter bis zur Schutzhütte am Silberberg. Vor uns liegt Bad Neuenahr, wo 1858 der Kurbetrieb begann und wo die Ahrbegeisterung nun auch von Badenden beflügelt wurde: 1860 gab die Kurverwaltung 376 Kurkarten aus, 1900 schon an die 9000. Der Weg führt uns hier links durch den Wald, rechts fällt die Böschung ab ins Adenbachtal. Am Waldrand kommen wir auf einen Asphaltweg, hier wandern wir nach rechts, gleich bei der engen Serpentine folgen wir dem aufwendigen Holzschild durch die Doppelkehre Richtung Ahrweiler, passieren bald die Brückenreste und kommen so zuletzt zurück nach Ahrweiler, das immer noch, so wie im späten Mittelalter, von Mauern rings umgeben ist. Heute ist das steinerne Oval nur Zierat, damals war es Schutz vor Fremden, und deshalb sollten auch die Fremden dafür zahlen: Weil schon im siebzehnten Jahrhundert „Graben und Mauern fast ruinirt und verwustet" waren, ließ sich die Stadt ab 1639 von jedem Fremdling, der intra muros eine Braut gewann, die Zustimmung zur Hochzeit mit fünf Goldgulden bezahlen.

Von Ahrweiler durch das Tal der Ahr

Weglänge: ca. 13 km

Anfahrt: Autobahn A 61 bis Bad Neuenahr/Ahrweiler, dort der Beschilderung nach Ahrweiler folgen, Parkplätze am Mauerring, der erste am Niedertor; mit der Ahrtalbahn über Remagen bis Ahrweiler-Markt.

Wanderkarte:
1 : 25 000 Das Ahrtal (Eifelverein Nr. 9) oder L 5508 Bad Neuenahr-Ahrweiler

Wanderweg:
Vom Ort aus (Kirche) durch Adenbachtor die Stadt verlassen, Aufstieg bis zu Betonpfeilern, dort links zum Rotweinwanderweg (Traubensymbol). Diesem Weg folgen über Hotel „Hohenzollern", von der Kuppe links Abstecher zum Punkt „Bunte Kuh", weiter „Im Teufenbach" über „Altenwegshof" und „Försterhof", hier links vorbei, dann rechts, an „Fischley" vorüber auf Rotweinwanderweg bis oberhalb Marienthal. Am Waldrand bei Serpentine links und an der „Dienststelle" auf die Straße, rechts, nach ca. 600 m (hinter Linkskurve) Straße nach rechts verlassen, vor Zaun Aufstieg im Wald durch Siefental (Wasserlauf nicht überqueren!); oben Rechts-Linksdrehung bis Waldrand mit „Holzweiler Kreuz", am Waldrand rechts, nach 100 m links über Acker, am Waldrand (Hochsitz) rechts halten bis zweiten Hochsitz, hier links in den Wald und nach 50 m auf Querweg links; ohne Höhenunterschiede bis zum Silberberggipfel (Hütte, Turm), Abstieg weiter geradeaus, vor Waldrand links und am Oberrand des Weinbaugebiets bis Schutzhütte, dort links durch den Wald und auf Asphaltweg rechts, durch doppelte Serpentine und zurück nach Ahrweiler.

Wer sich den Rückweg vereinfachen will, folgt dem Rotweinwanderweg über Marienthal bis Dernau und nimmt den Zug zurück..

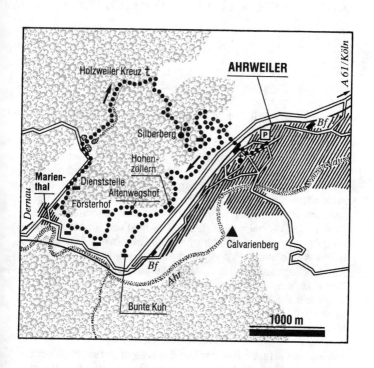

AHRWEILER

A 61/Köln

Holzweiler Kreuz †

Silberberg

Hohen-zollern

Marien-thal

Dienststelle

Altenwegshof

Försterhof

Dernau

Bf

Bf

Ahr

P

Calvarienberg

Bunte Kuh

1000 m

Zur Ahrquelle nach Blankenheim

Tippeltour 17:

Ein Weg an der Kanonen-Bahn

Es war ein Fall wie der von Romeo und Julia; es wurde aber doch kein Unglücksfall, denn diesmal fanden beide zueinander: „In Adenau an der hohen Acht / Schon lang hielt ich so treue Wacht; / Ach, könnt' ich endlich sehen / Lieb Bräutchen, dein Erstehen!" – Das liebe Bräutchen dieser Verse ist die Ahr. Und wer ist wohl der treue Verseschmied? Es ist die Eisenbahn, seit 1888 unterwegs vom Rhein bis Adenau, doch eben nicht weiter ahraufwärts. Zwar gab es Wünsche an die Bahn, sogar das Angebot zum Seitensprung; doch dafür gab es auch die zweite Strophe: „Hat auch von deiner Seit' mich fort / Ehrgeiz gelockt an einen andern Ort – / Mein Trachten und mein Dichten / nach Blankenheim sich richten." – Jetzt war es heraus, jetzt fehlte nur noch die Begründung, Strophe drei: „Zum Ort, wo deine Wiege steht, / Von Ahnenstolz und Ruhm umweht, / Ich will voll Sehnsucht eilen, / An deinem Herzen weilen."

Das Happy-End kam doch erst fünfundzwanzig Jahre später: 1909 war die Verlobung, und 1913 hatte unser unbekannter Dichter Grund für eine vierte Strophe: „Besiegt ist Neid und Eifersucht! / In alter Lieb ich hab geruht / Die Freunde schön zu laden / Zur Hochzeit! Was kann's schaden?"

Die Ehe dauerte, bis daß der Tod der Eisenbahn sie 1961 scheiden mußte. Erhalten blieben nur die Betten – das der Ahr und das der Eisenbahn daneben. Zu beiden führt uns heute unser Weg, und damit, je nach Wetterlage, durch die schönste Winterlandschaft.

Wir beginnen mitten im Ort, vom Parkhaus tief unter der Grafenburg wandern wir zum Kahnweiher hinüber. Am Lichtmast haben wir uns aus den vielen Zeichen zunächst den Rundweg „3" ausgesucht. Kaum haben wir den Teich berührt, steigen wir über Stufen hinauf und folgen oben, beim Hotel „Violet", der „Kölner Straße" nach rechts.

Gleich bei der nächsten Einmündung verlassen wir die Straße und folgen rechts dem kleinen Fahrweg „Giesental", ein Stück davon dem Fußweg unterhalb der Fahrbahn längs des Fried-

Winterlandschaft

hofs. Am Ende dann, noch vor der Biegung am „Hotel Finkenberg", verlassen wir die Straße und folgen unterhalb des weißen
Hauses vor uns dem Weg halblinks in die Böschung. Der Weg
dreht sich halbrechts hinauf, vorüber an der Rückfront des einzelnen Hauses und weiter geradeaus in den Wald („3"). Gemeinsam mit der Stromleitung steigen wir den Finkenberg hinauf. Oben unterquert der Weg die Leitung und bringt uns so an
die Straße.
Wir wandern hier nun gegenüber, zwanzig Meter weiter rechts,
zwischen Weidezaun und Waldrand weiter und wieder hinab
und gleich darauf erneut im Wald. Der Tau hängt hier als Reif an
allen Zweigen, auch wenn sie fein wie Meisenkrallen wären.
Nach ein paar Metern fällt die Böschung links in eine tiefe Kerbe *nicht*
ab, die wir hoch oben überqueren: Das ist der alte Lauf der Ahr- *geradeaus.*
taleisenbahn, die unter uns den Finkenberg durchquerte. 314 *aus*
Meter lang ist dieser Tunnel, der zweite von insgesamt dreien
auf den 25 Kilometern zwischen Ahrdorf und Blankenheim/
Wald. Achtzig Zentimeter stark ist das Gewölbe unter uns im

Fels, an manchen Stellen sogar doppelt so dick. In einer weiten
Schleife mußte sich die Bahn vom Ahrtal wegbewegen, um so
den Anstieg bis nach Blankenheim zu schaffen. Das hätten kleine Züge wohl auch geradeaus vermocht, doch nur für kleine
Züge hätte man die Strecke nie gebaut. Kanonen aber, schwere
Tanks, Soldaten auf dem Weg nach Losheim oder Elsenborn:
die waren auch bei vollem Dampf nur mühsam vorwärts zu be-
wegen. Es war der Kriegsminister, der „Dornröschen Eifel", wie
es damals hieß, erweckte. Doch auch aus dieser Ehe sproß Er-
sprießliches für Kaiser, Volk und Vaterland: Die Leute würden
seßhaft bleiben in der Eifel, versprach ein Sonntagsredner:
„Bleiben aber unsere Landsleute an der heimatlichen Scholle,
dann erwirbt das Vaterland sich dadurch treue Bürger und
kann in den jungen Truppen aus der Eifel gesunde, königstreue
und brave Soldaten heranziehen."

Das mochte freilich auch wie eine Drohung klingen für den um-
gekehrten Fall. Doch der blieb nur Befürchtung, und schon im
Jahr nach der Eröffnung kam für die Eifelsöhne die Gelegenheit, dem Kaiser ihre Treue zu beweisen – und nicht mehr bloß
auf Truppenübungsplätzen.

Wir gehen ein paar Schritte vor, um so die alte Tunnelöffnung zu
entdecken, dann wandern wir weiter, ~~nicht von der Biegung
hoch über Trasse gleich rechts zurück im Wald,~~ sondern weiter
geradewegs den Hang hinab, dem alten Zeichen auf der Spur.
In sachten Kehren geht es vollends abwärts, bis wir unten das
Tal des Mülheimer Baches erreichen. Von hier aus folgen wir
nun lange Zeit dem Zeichen „4". Es geht nach links und mehr als
einen Kilometer weit bequem am Bach entlang. Wie wir nahm
damals auch die Eisenbahn den Weg durchs Tal, die Trasse
verlief jenseits des Wassers am Sockel der Böschung.

Wo wir den Wald verlassen, öffnet sich das Tal ein wenig, und
unser Weg läuft durch die schönste Wiesenlandschaft mit
Schlehen und Hagebuttengebüsch. Hier könnte eine Eisenbahn nur stören; doch manchmal pries man Stephensons stäh-
lerne Tochter als Galionsfigur des Fortschritts, und jedes Nest
begehrte einen Bahnhof. Die Dollendorfer planten Gleise durch
das Lampertstal, selbst Mirbach in der Nähe war versessen auf
den Anschluß an die große weite Welt mitsamt dem Duft voll Ruß
und Funkenflug, womöglich mitten im Wacholder.

Vor einem Wasserlauf schwenkt bald der Weg nach links und
führt nun aufwärts; oberhalb der Siefenkerbe verlassen wir den
Asphaltweg „4" in seinem Scheitelpunkt vorübergehend und

steigen weiter längs des Zauns, bis wir ihn oben wiederfinden
(„4") und mit ihm links nach Mülheim kommen.

Am Querweg weist uns eine „4" auf dem Asphalt geradeaus auf *auf-*
den Pfad, der unsere Richtung hier weiterverfolgt. Dies war ein- *passen*
mal der Bahnhof Mülheim, links steht noch ohne Gleisanschluß
das Bahnhofsgebäude, und auch die Straße gegenüber, die
uns rechts bis in den Ort bringt, heißt noch immer „Bahnstraße".
An ihrem Ende folgen wir der „Talgasse" nach rechts, vorbei an
einer „kleinen Kneipe", die sich selbst so nennt, und an schö-
nem Eifeler Fachwerk vorüber auf den „Luisenhof" zu und dann
links in die „Pützgasse". So kommen wir an der Kirche vorbei
und rasch zum Ort hinaus. In der Linksbiegung der Straße nehmen wir den Weg nach rechts, am Friedhof vorbei mit der weißen Kapelle, dahinter links und mit dem Asphaltweg auf die Höhe. Es geht an einer Bank vorbei, dann über den Rücken hinweg
und weiter im eiskalten Wind bis fast an die Straße heran. Doch
vorher folgen wir dem kleinen Asphaltweg links („S") und erreichen schließlich bei der Bushaltestelle das „Mülheimer Haus".
Hier sitzt man in wohliger Wärme bei Lammkotelett und Hecht,
wir gönnen uns nur eine Pause, dann wandern wir weiter: Ein
Stückchen gehen wir neben der Straße Richtung Blankenheim
her, am Beginn der Leitplanke halten wir uns rechts auf dem Asphaltweg neben der Straße; und wo dann oben die Straße nach
Mülheim abzweigt, bei dem Fahrweg, der unter der Straße hin-
durchführt, folgen wir dem „S" des Sonnenwegs (Zeichen auf
dem Asphalt) schräg hinweg von der Straße und längs der
Baum- und Buschreihe quer durch die Felder. Die Bäume sind
hier filigran erfroren im eisigen Wind.

So erreichen wir den Wald, die Bäume sind weiß gepudert.
Nach sechshundert Metern im Wald wenden wir uns auf dem
breiten Querweg nach rechts, nach abermals zweihundertfünf- *Wiesenweg*
zig Metern wiederum nach links. Bei einer Gabelung nach etwas
über hundert Metern halten wir uns rechts und wandern weiter
durch den Wald und schließlich aus dem Wald hinaus.

Rund sechshundert Meter hinter dem Wald geht es ~~bei einer
Holzbank im~~ spitzen Winkel rechts zurück und sacht hinab
(„S"), wir kreuzen den Haubach und einen Querweg dahinter,
dann einen zweiten am Waldrand und wandern weiter durch
den Wald. Vor einer Schonung gabelt sich der Weg, der „S" hält
sich hier links, führt abwärts durch einen Rechtsknick, bis wir
dann im Tal des Stahlbuchseifens ein Wegekreuz bei einer
Schutzhütte erreichen. Hier halten wir uns links und folgen
mehr als einen Kilometer weit dem Lauf des Wassers, vorbei an

einem Kreuz für einen hier Verunglückten, bis wir die Stelle erreichen, wo der kleine Bach zu einem Teich gestaut ist.
Hier verlassen wir den Waldrand und den Sonnenweg und folgen links dem Keil des Wanderwegs 4. Beim Wasserbehälter
knickt der Weg nach links, führt vorbei an der offenen Flanke eines Steinbruchs und bringt uns dann in weitem Doppel-
schwung hinüber über die Umgehungsstraße. Vor uns haben
wir nun Blankenheimerdorf, das ursprüngliche Blankenheim,
das seinen Namen an das neue bei der Burg der Grafen abge-
geben hat. Wir wandern weiter auf dem Wanderweg, bis wir
noch einmal die Eisenbahntrasse erreichen mit Vogelhecken
und mit Überführungen, doch ohne Schienen auf dem Grund.
Hier wenden wir uns mit dem Keil nach links und wandern an
der Bahn entlang bis Hülchrath. Auf diesem Teilstück fuhr die
Eisenbahn noch 1976, am letzten Tag im Juli gab es dann die al-
lerletzte Fahrt, fünf Kilometer hin und zurück, und beides für
drei Mark.

Blankenheim

Zweimal treffen wir noch alte Überführungen, dann erreichen wir Hülchrath mit der Schule und kommen auf der „Brabanter Straße" weiter und schließlich rechts hinüber an die „Aachener Straße" und links hinunter in den Ort.

Unten überqueren wir die „Trierer Straße" und folgen von der Kreuzung beim Café „St. Georg" dann der „Ahrstraße" nach rechts in den Ort und gleich durch das St.-Georgs-Tor. Hier endete und hier begann die Stadt seit 1670. Der „Kölner Hof" dahinter zählte sich schon 1913 zu den alten, renommierten Häusern. Er warb in der „Eifeler Zeitung" mit elektrischem Licht und dem „Fernruf No. 1" sowie mit seinem Neubau aus dem Jahre 1910: Das Hämmern und das Sprengen vor den Toren hatte alle Gastronomen wachgerüttelt, und wo sie konnten, boten sie sich, wie das „Ahrhaus", nun am alten Ort mit neuer Anschrift an: „2 Minuten vom Bahnhof".

Im Ortskern gabelt sich die Straße, wir haben unser Ziel hier schon vor Augen, die Burg hoch über allem. Links geht es durch das „Hirtentor" von 1404 in den Bereich der mittelalterlichen Stadt mit schönen Fachwerkbauten links und rechts. Dann führen Tritte uns hinab zur Quelle der Ahr, seit 1726 schön in Stein gefaßt. Ein Wasser ist nicht groß herauszuputzen, auch wenn der Bräutigam auf Schienen naht. Doch wenigstens in Versen mochte man den Anlaß feiern: So wandte 1913 der Eifelverein sich an „poetische Mitglieder" mit dem Begehr, dem Flüßchen ein Gedicht zu schreiben, etwa so: „Aus jähem Felsen silberhell / entspringt die Ahr hier in dreifachem Quell. / Von Wiesen begleitet, von Laubwald gekühlt, / Von Reben bekränzt mit funkelndem Wein, / Grüß', Welle, in der die Forelle gespielt, / Uns Altenahr, du, und den Vater Rhein." – Das war zwar bloß gemeint als ein „Versuch", ganz „in unverbindlicher Form": die Mitglieder waren es dennoch zufrieden. Denn wie wir lesen können auf der Marmortafel, blieb es ungefähr bei den verqueren Versen, nur nachgezählt hat einer: jetzt ist es ein vierfacher Quell. Hier brauchen wir nur noch dem Lauf der Ahr zu folgen bis zum Ausgangspunkt des Wegs, am Nepomuk vorbei und an der Kirche, und dem wiederaufgebauten Gildenhaus, doch vor dem Ende kommt erst noch das Ziel: das schöne Kreismuseum rechter Hand, staunenswert bestückt mit allerlei aus Flora, Fauna und Betriebsamkeit der Eifel. Dies war einmal das Restaurant „Zur Post", gleichfalls optimistisch renoviert und ausgebaut im Jahr des Booms. Jetzt ist es, wie die Bahn, nur noch Geschichte.

Zur Ahrquelle nach Blankenheim

Weglänge: knapp 15 km

Anfahrt:
Autobahn A 1 bis Blankenheim, dann B 51 bis in den Ort mit
Parkhaus. Mit der Eisenbahn bis Blankenheim-Wald und weiter
mit Zubringerbus oder über Blankenheimerdorf (Winkel) nach
Blankenheim.

Wanderkarte:
1:25 000 Blankenheim, Oberes Ahrtal oder 1:50 000 Deutsch-
Belgischer Naturpark, Nordteil

Wanderweg:
Zum Kahnweiher und links über Stufen an die „Kölner Straße",
rechts hinauf und rechts gleich Fahrweg „Giesental" bis „Hotel
Finkenberg", hier vor der Biegung halblinks Böschung hinauf
und oben geradewegs in den Wald („3"). Mit Stromleitung Weg
über Finkenberg bis an die Straße; gegenüber, rechts am Waldrand, wieder hinab, über alte Tunnelöffnung hinweg, weiter abwärts („3") bis ins Bachtal, hier links („4") bis in Wiesenlandschaft; vor Siefenkerbe links mit „4" hinauf, im Scheitelpunkt
der Kehre weiter hinauf und auf „4" nach Mülheim mit altem
Bahnhof. Altes Bahngelände überqueren und auf „Bahnstraße"
in den Ort, rechts „Talgasse" folgen, dann links „Pützgasse" bis
in Linksbiegung am Ortsrand; hier rechts am Friedhof vorbei
und auf Asphaltweg links auf die Höhe („S"): Mülheimer Haus.
Oben neben der Straße nach links bis zur Abzweigung nach
Mülheim, hier halbrechts Weg „S" verfolgen bis in den Wald;
nach 600 m im Wald rechts, nach 250 m links; bei Gabelung
nach 100 m rechts halten und weiter auf „S" und zum Wald hinaus. Ca. 600 m hinter dem Wald rechts, über Bach hinweg und
erneut in den Wald, bei Gabelung vor Schonung links bis zum
Stahlbuschseifen mit Wegekreuz. Hier links, über 1 km, bis zum
Teich. Hier „S" verlassen und links (Keil), bei Wasserbehälter
Linksknick, in Kehre über Umgehungsstraße hinweg, dann auf
Blankenheimerdorf zu, vor der Eisenbahntrasse links und längs
der Bahnanlage bis Hülchrath. Rechts hinüber und über Kapelle Hülchrath (oder „Aachener Straße") hinunter nach Blankenheim, dort zurück durch „Ahrstraße".

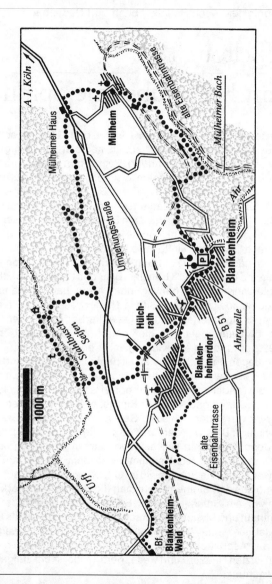

Das sehenswerte Kreismuseum ist täglich (außer montags) geöffnet von 10.00–12.30 Uhr und 14.00–17.00 Uhr; samstags nur am Nachmittag. Tel.: 0 24 49/2 76.

Tippeltour 18:

Beim Kreuz über die Spinne

Hier irrte Simrock: Der Bonner Dichter und Gelehrte schrieb 1838 den Namen „Vinxtbach" so, als käme er von „Pfingsten" – ganz ohne jegliche Begründung. Begründen läßt sich aber eine andere Version: Germanien war römische Provinz, geteilt zum Zweck der besseren Verwaltung. Die Grenze zwischen beiden Hälften war der Bach „ad fines", dort wo das Land zu Ende ging dem Namen nach. Sie hieß am Ende auch das Wasser, und als man kein Latein mehr konnte in der Eifel, mochte daraus „Vinxtbach" werden: Finito also, nichts von Pfingsten! Doch schon im nächsten Satz hat Simrock recht: „Hier war von jeher ein Scheide der Völker." Grenzland war das Land am Vinxtbach über die Jahrhunderte hinweg, noch heute hart am Rand der Kunstgemeinde „Brohltal", Sitz in Niederzissen, im Mittelalter nur dem König untertan; und weil es Ackerboden war, den Eifelhöhen mühsam abgetrotzt, hieß eine frühe Siedlung Königsfeld, 992 urkundlich als „Cuningsfeld" erwähnt.

So abgelegen und dabei so nah ist heutzutage wenig, und deshalb ist das alte „Königsfelder Ländchen" in der Eifel nah am Rhein für Wanderfreunde eine schöne Rarität. In Königsfeld, am Knick der Straße oberhalb der Kirche, beginnen wir den Weg. Auch hier verrät der Name die Geschichte: „Auf dem Graben" heißt es hier: Dies war der Graben vor der nördlichen Umwallung, denn Königsfeld war einst von einem Mauerring umgeben. Das alte Stadtrecht stammte aus dem Jahre 1336, seit 1398 war auch eine Burg gewiß im Ort. Die wurde 1830 abgerissen, und aus den Steinen baute man die Schule. Vom Parkplatz folgen wir ein Stückchen der „Bad Neuenahrer Straße" den Berg hinauf und biegen dann nach hundert Metern rechts in die „Schulstraße" ein. Wir kommen über einen Bach hinweg, am Ende des Asphaltbelags folgen wir dem Schotterweg vorüber an den letzten Häusern und weiter geradeaus, sacht steigend in der Böschung.

Wir berühren noch einmal den Verlauf des kleinen Bachs. Im Laubwald gabelt sich der Weg, wir steigen rechts die Böschung hinauf. Links unterhalb im Wald liegt eingezäunt der kleine jüdische Friedhof, das letzte Zeugnis einer starken jüdischen Ge-

Königsfeld

meinde in Königsfeld. Der Weg im Mischwald bringt uns auf die Höhe, oben geht es quer durch die freie Schneise der Hochspannungsleitung, am Gittermast vorbei und drüben wieder in den Wald. Nach etwa fünfzig Metern knickt der Weg dann ein wenig nach links. Hier ist die Spur im Laub nur noch zu ahnen, es geht durch lichtes Holz mit Kiefern dazwischen. Dann erreichen wir den Rand einer Apfelbaumwiese und finden vor uns auch ein Zeichen („1"). Dem folgen wir nun lange Zeit.

Wir gehen auf der Weide geradeaus und dann auf dem deutlichen Querweg ein paar Schritte nach rechts und mit dem neuen Weg gleich links, nun parallel zum Waldrand. Nach dreihundert Metern erreichen wir ein Wegekreuz; hier halten wir uns links („1"), es geht hinab, auf den Hochsitz zu. Rechts schwärmen schon die Bienen um die Kästen. Es geht an einem zweiten Hochsitz vorbei, dann links hinweg über die freie Fläche und hinauf, vorbei am Ende eines Asphaltwegs und weiter geradeaus bis an die Straße nach Bad Neuenahr.

Ihr folgen wir nur wenig mehr als hundert Meter nach links; dann bringt uns rechts der Fahrweg „Im Strohdell" hinauf, vorbei an einem Wirtschaftsweg nach links und geradewegs bis auf die Höhe. Beim Kreuz von 1767 überqueren wir die Wegespinne und wandern geradeaus, an der Hecke entlang und dann mit dem Verlauf der Grundstücksgrenze nach rechts, hinab ins Tal des Vinxtbachs. Bald hat der Weg Asphaltbelag und einen Namen: „Lieberichsweg". Mit der Straße „Im Rahlert" kommen wir dann links an die Talstraße heran und folgen ihr nach rechts, vorbei an der Maschinenfabrik.

Die alte Grenze ist hier nicht einmal zu ahnen, sogar der Vinxtbach ist für kurze Zeit verschwunden. In der Biegung der Talstraße nehmen wir gegenüber die „Dorfstraße" nach links; wo sie sich gleich darauf mit dem „Mühlenborn" vereint, haben wir den Weg 1 des Eifelvereins erreicht und folgen nun dem schwarzen Keil in Richtung seiner Spitze. Es geht vorbei an der Kapelle von 1748 mit der Möglichkeit zum Abstecher ins schöne holzgebaute „Hexenstübchen", dann weiter sacht bergauf. Gegenüber Haus Nummer 30 verlassen wir die „Dorfstraße" und folgen links dem schmalen „Stocksweg" rasch bergauf. Nach einem Viertelkilometer knickt der Weg bei einer Bank nach rechts, dann geht es bei der nächsten Kehre links hinauf, daß uns das Königsfelder Ländchen wunderschön zu Füßen liegt.

Beim Steigen unterqueren wir die Hochspannungsleitung, der Weg berührt den Waldrand und führt noch immer aufwärts. Am

Am Kreuz vorüber

Hochsitz gabelt er sich dann; hier halten wir uns rechts, am Wasserbehälter vorüber und weiter steigend wie der Waldrand. Zuletzt, und ehe wir die Höhe ganz erreichen, weist der Keil uns nach rechts in den Wald, und wir wandern hart an der Kuppe des Stucksbergs vorbei. Vierhundert Meter sind wir hier nun hoch.

Vor dem Eintritt in den Wald gehörte fern der Drachenfels zum Panorama. Vierhundert Meter später, den Wald erneut im Rükken, haben wir den hohen Turm der Burgruine Olbrück vor uns. Hier wölbt sich das Gelände, die frischen Saaten modellieren alle Formen. Beim sachten Abstieg vereinigt sich der Wanderweg 1 mit einem zweiten, der von links kommt, und führt uns weiter geradeaus, am Waldrand wie am Böschungsrand entlang. Gut hundert Meter tiefer liegt zur Linken Dedenbach im Tal.

Dann führt der Weg vor hohem Fichtenwald uns an ein Wegedreieck; hier halten wir uns rechts und folgen dem gesperrten Fahrweg in der Biegung wieder in den Wald. Bald haben wir auch dieses Waldstück hinter uns gelassen; wir wandern weiter durch freies Gelände, links ist der Weg hier von Ginster gesäumt. Es geht an einem Hochsitz vorüber und auf ein Wegekreuz dahinter mit einer Kiefer in der Mitte. Hier knickt der Wanderweg nach links und dreht sich dann gemächlich rechts, bis

wir den letzten Streifen Wald verlassen und abermals den Ol-
brück-Kegel vor uns haben. Davor liegt Oberdürenbach. Wo vor
dem Ort am Wegekreuz der asphaltierte Weg beginnt, verlassen
wir den Wanderweg 1 mit dem Keil und halten uns nun links.
Nach knapp vierhundert Metern zweigt nach links ein Asphaltweg ab, wir wandern weiter geradeaus und nutzen rechts den
Abstecher zum Königssee. Hier war einmal ein Berg, der „Stein-
berg" hieß nach dem, was hier zu holen war. Der Stein war Basalt, überall zu gebrauchen, so blieb vom Berg zuletzt ein Loch,
dem immerhin sein Name Glanz verlieh: der Königssee.
Wieder auf dem Weg, wandern wir weiter, vorüber an dem Basaltlavakreuz von Johannes Schneider, wo der Asphaltweg
rechts schwenkt. Wir aber halten uns hier geradeaus, am Waldrand vorüber mit Blick auf Dedenbach im Tal, darüber in der
Ferne Königsfeld. Wo dann der Wald bei einem Wegekreuz zu
Ende ist, wandern wir noch immer weiter geradeaus, um nicht
zu früh an Höhe zu verlieren und um den Fernblick weiter zu genießen: das Siebengebirge im Norden und fern vor uns die Höhen über Linz am Rhein.
Knapp einen halben Kilometer weg vom Wald, folgen wir halblinks dem Lauf der Hecke sacht ins Tal. Dreihundert Meter später, bei einem Steinkreuz, gabelt sich der Weg erneut; hier halten wir uns abermals halblinks und wandern weiter längs der
Hecke („2"). So überqueren wir die Straße und wandern weiter
geradeaus und geradewegs ins Tal, nach Dedenbach.
Bei einem Schuppen treffen wir auf einen Fahrweg und wandern mit ihm weiter, bei einem Kreuz unter der Stromleitung her
und in den Ort. Hinter den ersten Häusern stoßen wir auf eine
Straße, hier halten wir uns rechts und vor dem Gasthaus
„Kreyer" links hinauf durch die „Kapellenstraße", vorbei an der
Gaststätte „Ockenfels". Hart an der Böschung kommen wir so
auf geradem Weg nach oben, vorbei an der Kapelle und weiter
hinauf, bis wir oben bei dem Kreuz von 1921 die Hauptstraße erreichen („Königsfelder Straße").
Gleich gegenüber gehen wir in die „Ahrweiler Straße", doch
nur, um sie im Knick schon wieder zu verlassen und rechts, nun
parallel zur Hauptstraße, zum Ort hinauszuwandern, auf ein
Waldstück zu, das schon mit seinem Namen zu erkennen gibt,
warum es wohl die Bauern nicht gerodet haben: „Steine-
büschelchen".
Es geht über ein Wegekreuz hinweg und weiter geradeaus, bis
wir die bewachsene Kuppe mit dem Bildstock neben uns haben. Rechts führt uns der asphaltierte Weg dann bis nach Kö-

Weiter Blick

nigsfeld. Dicht vor dem Vinxtbach geht es noch einmal nach rechts, am Schießstand vorüber, hinweg über den Bach und jenseits der Talstraße links hinauf zur Kirche, vorbei an der Gaststätte „Fleischer". Das Schießen wird in Königsfeld seit 1478 im Verein betrieben, die Königsfelder Kirmes wird schon 1397 urkundlich erwähnt, und seit dem Jahre 1986 tragen dann die Königsfelder Junggesellen ihr historisches Habit, das der Geschichte ihres Ortes Rechnung trägt: Nichts Römisches, auch nichts Germanisches wie Lorbeer oder Bärenfell, doch weinrote Baretts und ebensolche Kragen – die Uniform von 1336.

Von Königsfeld nach Schalkenbach und Dedenbach

Weglänge: ca. 14 km

Anfahrt:
Autobahn A 61 Köln–Koblenz entweder (einfach) bis AS Niederzissen und über Waldorf oder Niederzissen, Dedenbach (ggf. dort beginnen) nach Königsfeld – oder (kürzer) über AS Bad Neuenahr Richtung Ahrweiler, rechts zurück und vom Verteilerkreis über „Ringener Straße" durch Bad Neuenahr und über die Ahrberge nach Königsfeld. Dort Parkplatz im Knick der „Bad Neuenahrer Straße" oberhalb der Kirche („Auf dem Graben").

Wanderkarte:
Eifelverein Nr. 10: „Das Brohltal" 1:25 000 oder L 5508 Bad Neuenahr-Ahrweiler

Wanderweg:
„Bad Neuenahrer Straße" bergauf, nach 100 m rechts „Schulstraße", an den letzten Häusern in der Böschung bergauf. Oben weiter mit „1", über Querweg hinweg, am Wegekreuz links, erneut an die Straße. 100 m links und rechts „Im Strohdell" aufwärts, über Wegespinne und abwärts nach Schalkenbach. Mit der Talstraße rechts, „Dorfstraße" in den Ort, weiter mit Weg 1 des Eifelvereins (Keil). Gegenüber Haus 30 „Dorfstraße" verlassen und links „Stocksweg" bergauf. Kehren, dann am Waldrand und durch den Wald weiter bis nahe Oberdürenbach. Hier Weg mit Keil verlassen und links Asphaltweg, am „Königssee" vorüber und weiter, beim Kreuz („Johannes Schneider") weiter geradeaus, am Waldrand entlang und weiter längs einer Hecke und mit „2" nach Dedenbach. Aufstieg durch den Ort bis „Königsfelder Straße"; gegenüber „Ahrweiler Straße" und gleich rechts auf Waldstück zu. Dort rechts hinab und zurück.

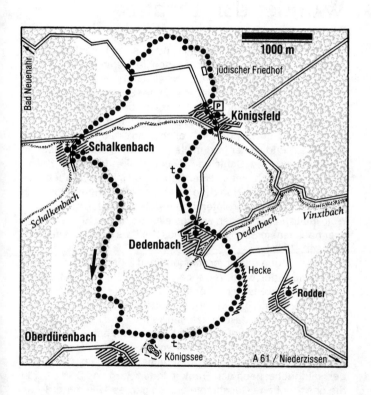

1000 m

jüdischer Friedhof

Königsfeld

Bad Neuenahr

Schalkenbach

Schalkenbach

Dedenbach

Dedenbach

Vinxtbach

Hecke

Rodder

Oberdürenbach

Königssee

A 61 / Niederzissen

Tippeltour 19:

Der Wasserfall – ein Wunder der Technik

Fritz von Wille kam aus Weimar, und er starb betagt in seinem Atelier in Düsseldorf. Doch begraben liegt er in der Eifel; nahe seiner Burg in Kerpen findet man sein Grab, denn mit Fritz von Wille, 1860 bis 1941, verbindet sich der Ehrentitel „Eifelmaler" wie mit keinem zweiten. Sein Vater war beim Großherzog von Weimar Hofmaler gewesen, geschickt, galant, beliebt bei jedermann. Sein Sohn jedoch floh allen Glanz des Hofes, floh bis zum Rhein und weiter und malte in der Eifel, anfangs noch in Reifferscheid und Schleiden. Dann kaufte 1908 der Kaiser höchstpersönlich eines seiner Bilder, und mit der „Blauen Blume" kam der Boom. Nun drängte es die Untertanen allesamt zu Eifelgrün und Ginsterblüten in der guten Stube. Und Fritz von Wille malte immer wieder, wie bestellt, „Spinat mit Ei" – so nannte er nach einem Schmähwort eines Kritikers sein Schaffen selber, selbstironisch.

Hinzu kam noch der Unterricht für einen Zigarettenfabrikanten in Neuwied, der wohl Vermögen und vielleicht Talent besaß, doch ohne Zweifel eine Tochter. Der wurde Fritz von Willes Schwiegervater. 1911 war soviel Geld beisammen, daß von Wille eine ganze Burg davon bezahlen konnte, und hier, am Fuß der alten Feste Kerpen, tief in der Eifel, beginnt für heute unser Weg. Das schöne Örtchen Kerpen war schon von den Treverern besiedelt; die Römer gaben ihm den Namen nach dem „carpinus", der Hainbuche; nach den Franken traten Burg und Dorf 1136 in die geschriebene Geschichte ein, so gab es 1986 Grund zum Feiern: 850 Jahre Kerpen. Seit 1682 war die Burg Ruine, und erst die vaterländische Vergangenheits-Begeisterung des neunzehnten Jahrhunderts hat sie um 1896 wieder auferstehen lassen. Ab 1950, nebenbei, lebte hier der Dichter Alfred Andersch, und als der später den Roman der Eifel- und Ardennenoffensive schrieb, „Winterspelt" nach einem Flecken gleichen Namens, da mag er sich der Zeit in Kerpen oft genug erinnert haben.

Wasserfall Dreimühlen

Vom Parkplatz gleich am Fuß des Burgbergs wandern wir hinüber an die Kirche, die Burgkapelle alter Zeit, und weiter über
Tritte links hinunter in den Ort. Hinter dem ersten Haus schon
halten wir uns rechts und stoßen auf die „Bachstraße". Am
Lichtmast finden wir den Hinweis auf den Rundweg „15". So
kommen wir hier geradewegs zum Ort hinaus.
Nach etwas mehr als hundert Metern, bei der Gabelung des Asphaltwegs, halten wir uns rechts und kommen nun auf festem
Weg vorüber an dem Parkplatz und weiter geradeaus, am Hang
des Höhen-Bergs entlang. Links am Stausee sitzen Angler mit
der Rute. Es geht vorbei am Bolzplatz. Einen guten Kilometer
weit darüber weg entdecken wir den Weinberg mit dem Inneren
nach außen: Dolomit und Riffkalkstein aus Bruchstücken von
Crinoiden.
Von rechts vereinigt sich ein Weg mit unserem. Der Weg steigt
zwischen Sommerwiesen an, vorbei an Weißdorn und an
Heckenrosen. Für kurze Zeit tritt rechts der Wald heran, dann
geht es weiter, immer geradeaus durch Wiesen. Rund einen Kilometer seit den letzten Häusern kreuzen wir den Querweg; hier
geht es geradeaus und abwärts in die Senke. Wir unterqueren
gleich die Stromleitung dahinter und wandern weiter, bis der
Weg vom Hochsitz an ins Bachtal vor uns abfällt. Vor dem Fichtenriegel überqueren wir den kleinen Nollen-Bach. Nur einen

Steinwurf weiter stoßen wir am Böschungsrand auf einen kleinen Querweg. Ihm folgen wir nach rechts und sind nun gleich im
Wald. Schon bei der Gabelung nach etwa fünfzig Metern halten
wir uns links und steigen mit dem Weg ins Trockene, vorbei an
blanken Felsen in der Böschung („15"). Als wir schon hoch über
dem Bachtal sind, knickt unser Weg nach links und führt uns
weiter durch den schönen Wald hinauf.

Im Buchenhochwald oben stoßen wir dann auf den Querweg,
der uns rechts zum Wald hinaus bringt. Am Waldrand geht es so
nun weiter („15"). Bald stellt sich eine Fichtenpflanzung in den
Blick, wir kommen wieder in den Wald und folgen lange Zeit
dem Weg nun nah am Waldrand. Hier tauchen zwischen Kiefern
schon die ersten Kerzen von Wacholder auf.

Nach rund 1200 Metern auf der Höhe stoßen wir bei einem Haus
auf einen festen Weg („Auf der Lay") und überqueren links dann
gleich darauf die Straße. Der Weg führt weiter geradeaus; nach
etwa hundert Metern, vor dem Wald, geht es am Rand der Wei-
defläche rechts; und wo die Weide wieder an den Wald stößt,
kreuzen wir den Weg, der aus dem Wald kommt und nun rechts
der Weide folgt und kommen geradeaus gleich in den Wald.
Noch immer leitet uns das Zeichen „15".

Es geht im Wald hinab; unten stoßen wir auf einen Weg, der
rechts von einer Schutzhütte herüberkommt, und halten uns mit

Blick hinab

ihm dann links. Hier lohnt es sich nun, aufmerksam zu sein: Nach etwa fünfzig Metern, wo der Weg sich gabelt, halten wir uns rechts; es geht zunächst durch Fichten, dann durch Buchen im Dreimüllerwald; nach gut zweihundert Metern gabelt sich der Weg ein zweites Mal: Hier halten wir uns links und stoßen endlich, wo das Land nun deutlich abfällt, auf einen breiten Querweg und folgen ihm nach links und sacht hinab. Unterhalb läuft in der Böschung noch ein zweiter Weg. Unser Weg bringt uns vorüber an bemoosten Felsenbuckeln in der Böschung, die immer deutlicher zutage treten.

Dann wird der Abstieg flacher, der Weg führt uns zum Wald hinaus, wir öffnen den Elektrozaun an der dazu bestimmten Stelle und wandern weiter, geradewegs über die Weide und auf die große rote Kalksteingrube zu. Hier wird der sogenannte „Wotan-Horizont" gewonnen, der zur Zementherstellung dient.

Bei der Eisenschranke stoßen wir auf einen Querweg, der uns rechts auf einer Brücke, die schon lange nichts mehr überbrückt, auf die andere Seite der Bahntrasse bringt. Hier fuhr einmal die Eisenbahn nach Hillesheim. Heute führt hier nur ein Wanderweg entlang; wir kommen rechts, vorüber an der Eisenschranke, ins Naturschutzgebiet. Der Weg, markiert von einem schwarzen Keil, läuft zwischen Bach und Eisenbahn am Weideland entlang. Wo er sich dann nach gut zweihundertfünfzig Metern links verschwenkt und auf die Weide führt, weist uns der Keil auf schmalem Pfad durch Haselnußgebüsche weiter geradeaus. Hier finden wir dann links die überwachsene Ruine der Burg Dreimühlen, um 1200 als Trierer Lehen urkundlich erwähnt, dann immer mal, bis auch die Reste 1825 abgebrochen wurden. Jetzt ragt nur eine Mauer auf, und unten ahnen wir Gewölbe.

Der Pfad führt weiter mit dem Bachlauf; ehe wir erneut die Bahntrasse erreichen, schickt uns der Keil nach links hinab, es geht vorbei an einer Hütte zum Gewässerschutz, und dann erreichen wir den Wasserfall Dreimühlen – ein Schauspiel der Natur, und doch, zumindest mittelbar, ein Wunderwerk der Technik: 1912, als hier die Eisenbahn im Bau begriffen war, führte man drei Quellwässer gemeinsam an den Rand des Ahbachs, wo sie nun, vereinigt, von der alten Sinterhöhe in die Tiefe stürzten. Der Wasserfall, der so entstand, schnitt sich nicht rückwärts in den Felsen, sondern wuchs dem Bach entgegen, zehn Zentimeter immerhin im Jahr, acht Meter seit dem Bau der Bahn: Das Wasser ist so kalkreich, daß es Moose sprießen läßt, die solches Wasser lieben. Zugleich schlägt sich im Moos der Kalkanteil des Wassers nieder, und nur durch schnelles Wachstum kann das Moos verhindern, im Sinter gänzlich zu verkalken. Der Sieger dieses Wettlaufs ist die Sintermauer mit dem Wasserfall, die 1986 schon so schwer war, daß sie auf dem weichen Lehm den Halt verlor und durch Beton gesichert werden mußte.

Wir folgen nun dem Weg bachaufwärts weiter, der Pfad im feuchten Lehm steigt in der Böschung an; wo dann das Bachbett abknickt, halten wir uns geradeaus, und als wir neben einer Wiese ein umzäuntes Gelände erreichen, weist uns der Keil auf breitem Weg nach rechts, so daß wir gleich den Bach erneut erreichen. Neben uns läuft nun der Damm der Eisenbahn. Wir kommen durch die alte Unterführung auf die rechte Seite und wandern weiter links, bald auf dem alten Gleisbett. Nach knapp zweihundert Metern verlassen wir den Bahndamm ohne Bahn nach rechts und folgen nun dem Wanderweg auf einem schmalen Pfad durch Kiefernwald mit einzelnen Wacholdern. Von rechts kommt bald ein zweiter Weg hinzu, es geht bergab, und dann verläßt uns links ein Wanderweg mit Winkel-Zeichen. Wir bleiben weiterhin auf unserer Seite des Baches, und weiter geradeaus entlang der Fichtenpflanzung. Wo die Fichten enden, öffnet sich das Tal, wir sehen vor uns Niederehe, das seinen Namen wie der Ah-Bach von dem alten Wort für „Wasser" hat: „aha". Bald stoßen wir auf einen Asphaltweg und wandern zwischen bunten Wiesen weiter geradeaus, bis wir am Mühlen-Berg mit blankem Fels über das Wasser kommen. Dahinter folgen wir der Straße in den Ort, und ehe sie den Bach schon wieder überquert, führt uns nach hundert Metern links die Dorfstraße „Im Auel" auf die alte Klosterkirche zu (Keil). An der Feuerwehr vorbei und an der Schule, kommen wir ans alte Augustinerrinnenkloster heran, links bringt die „Loogher Straße" uns um den eingefriedeten Bezirk herum, dann folgen wir der „Kerpener Straße" nach rechts im Ort hinab. Seit der Aufhebung der Klöster 1803 ist die alte Kirche Pfarrkirche, ein schöner Bau der Spätromanik. Hier finden wir im Süden mehr als lebensgroß das Doppelgrab aus schwarzem Marmor des Grafen Philipp von der Mark (gest. 1613) und seiner Gemahlin Katharina von Manderscheid-Schleiden, die zwei Jahrzehnte vor ihm heimgegangen war.

Wir wandern weiter, wieder über den Bach, und folgen dann der Straße vorsichtig nach links auf einem Wanderweg mit Winkel. In der Biegung kommen wir an roten Resten eines Kalksteinbruchs vorüber. Hier wurde bis in die achtziger Jahre der sogenannte „Zisterzienser-Marmor" abgebaut. Die Brocken vor uns,

Letzter Wille?

die den Unbesonnenen den gefährlichen Zutritt verwehren, zeigen reichlich die fossilen Reste aus der Zeit, als hier noch Meer und Tropen waren.

Wir wandern weiter, an der alten Zufahrt zu dem Marmorbruch vorüber und über den Siefen hinweg mit dem Kruzifix von 1841; keine hundert Meter weiter weist uns der Winkel dann nach rechts und in der Böschung aufwärts. Oben stoßen wir auf einem breiten Weg in seinem Scheitelpunkt, wir wandern weiter rechts, noch immer aufwärts, unterqueren so die Stromleitung und kommen dann vorbei am Grillplatz auf dem Roßberg. Hier geht es weiter geradeaus, auf die freie Fläche und den Waldrand gegenüber zu. Links taucht der alte Bergfried von Burg Kerpen auf. Das war für einen Eifelfreund die richtige Behausung, und damit die Wirkung auch vollkommen war, ließ der Hausherr hoch im Dachstuhl leere Flaschen installieren, daß der Wind in ihnen heulte. Auch das verrät sein Enkel, der Kölner Buchhändler Jürgen von Wille.

Nur wenig mehr als fünfzig Meter hinter der Hütte halten wir uns auf den Feldern links, nach einem halben Kilometer stoßen wir auf einen Querweg und gehen spitzwinklig und rechts zurück und wenden uns nach nochmals hundert Metern abermals nach links und auf die Burg zu. Zwischen hölzernen Geländern geht es über Tritte weiter aufwärts, wo wir hinter Haselnußgebüschen gleich das Grab von Fritz von Wille finden. Wir wandern weiter, auf die Burg zu und dann über Tritte links die Bergflanke hinab und rechts zur Burg und dann zurück zum Parkplatz. Den Stein auf seinem Grab, den hatte Fritz von Wille noch zu Lebzeiten bestellt, und hätte man ihm seinen letzten Wunsch erfüllt, so stände heute auf der Stelle nicht das allbekannte fromme „RIP" („Er ruhe in Frieden"), sondern ähnlich, aber aller Welt zum Trotz: „Laßt mich in Ruhe!"

Von Kerpen in der Eifel zum Wasserfall Dreimühlen

Weglänge: ca. 11 km

Anfahrt:
Autobahn A 1 bis Blankenheim, weiter Richtung Hillesheim, Ahrtal queren, an Mirbach vorüber, rechts nach Wiesbaum und links über Flesten nach Kerpen. Parkplatz an der Burg und (besser) am Weg in Richtung „Stausee".

Wanderkarte:
Rund um den Marktort Hillesheim 1 : 25 000

Wanderweg:
Unterhalb der Burg Weg „15" zum Ort hinaus, bei Gabelung rechts, am Parkplatz (s. o.) vorüber; 1 km nach dem Dorf Querweg kreuzen, hinab in die Senke und hinter dem Bach rechts. Nach kurzem Aufstieg Linksknick und bergauf („15"), oben auf Querweg rechts am Wald entlang, an Wacholder vorbei. „Auf der Lay" und Straße dahinter kreuzen, nach 100 m am Waldrand rechts, dann geradeaus in Waldspitze und mit Weg von Schutzhütte (rechts) links, bei Gabelung nach 50 m rechts durch Wald hinab, bei der nächsten Gabelung links. Zum Wald hinaus, auf rote Kalksteingrube zu. Bei Eisenschranke mit Brücke rechts über tote Bahnlinie hinweg, rechts Weg mit Keil, an Ruine Dreimühlen und Wasserfall vorüber. Dem Keil bachaufwärts bis Niederehe folgen, dort „Kerpener Straße" bis Talstraße, hier links (Vorsicht!), an „Marmor"-Steinbruch vorüber, knapp 100 m dahinter rechts in der Böschung hinauf, oben 50 m hinter Schutzhütte links, nach 0,5 km spitzwinklig rechts zurück und 100 m weiter links und zurück.

Bei feuchter Witterung ist festes Schuhwerk nötig!

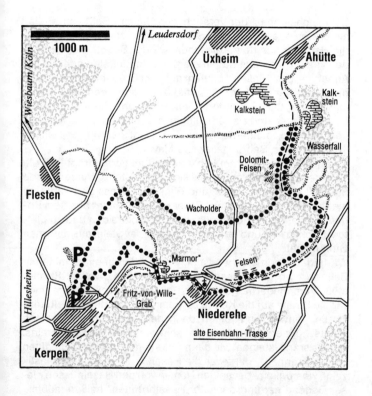

Tippeltour 20:

Hasenbrunnen, Gänsehals ...

Schmeichelhaft ist der Versuch, den Namen „Bell" von „Bella" abzuleiten oder „Belle": die Schöne. Wahrscheinlicher ist doch die Herkunft aus dem Keltischen, wo der Begriff den „Ort auf den Höhen" gemeint haben mag. Am populärsten aber ist die Annahme, das „Bellen", Läuten, auf dem Grubenfeld bei Mayen habe sich hier auf dem Ortsschild festgeschrieben. Da war einmal der Rhythmus Hunderter von Hämmern, die auf die harte Lava schlugen und sie zum Klingen brachten „wie eine kurz angeschlagene, steinerne Glocke". So hat es Werner Helmes überliefert, ein Schriftsteller aus Mayen.

Das glaubt man hier am liebsten, und immerhin trägt Bell die Hämmer schon im Wappen bei sich. Denn Stein gehauen wurde hier seit alters her, Basalt und Bimsstein, Trass und Tuff; und hier bei Bell grub man den „Beller Backofenstein" aus dem Boden, Selbergittuff, bergfeucht leicht zu schneiden und zu glätten, trocken hart und feuerfest. Das war der Stein, aus dem man Öfen machte.

Wir finden einen solchen Ofen, wo der Weg beginnt: mitten in Bell, dort wo die „Gänsehalsstraße" auf die „Wehrer Straße" stößt. Vom wiederhergestellten „Beller Hausbackofen" nehmen wir die Straße auf die Kirche zu, kommen über die „Kegelbahnstraße" hinweg und folgen dann der „Brunnenstraße" nach rechts. Fürs erste leitet uns der schwarze Keil des Eifelvereins. Am Ortsrand steigen wir dann links hinab zum neu gefaßten „Hasenbrunnen", der zwar die Hasen auf der Brunnenplastik zeigt, womöglich aber seinen Namen von den Haselnüssen dieser Gegend hat und deshalb „Haselbrunnen" heißen müßte.

Von der Quelle kommen wir erneut hinauf und wandern mit der „Brunnenstraße" gleich zum Ort hinaus. Rechts vor uns taucht die Hochstein-Kuppe auf, rechts hinter uns verrät sich mit dem hohen Turm der „Gänsehals", zwei der vielen Zeugen des Eifel-Vulkanismus.

Der Weg führt aufwärts durch das Flurstück „Auf der Hell" mit einer roten Aussichtsbank am höchsten Punkt; aus dem Dunst der Ferne hebt sich weiß und wie der Turm zu Babel der Kühlturm des Atomkraftwerks von Mülheim-Kärlich.

Hochstein

Der Feldweg führt nun sacht bergab, am Ackerrain entlang an einer Hecke und an den Eichenwald heran. Wo wir den Wald berühren, schwenkt der Weg ein wenig links und führt dann rechts und durch den Wald hinab, bis wir ihn unten an der „Erlenhütte" schon wieder verlassen. Hier kreuzen wir den Querweg, der dem Waldrand folgt, und steigen über Stufen von Basalt hinunter an den eingefaßten Sauerbrunnen „Erlenborn" von 1809, inzwischen dreimal renoviert: 1931, 1964 und 1988. Von hier aus steigen wir dann ganz hinab ins Tal des kleinen Bachlaufs, auf eine Eichengruppe zu, dann rechts, den Bach hinauf für etwa 30 Meter und hier auf schmalem Pfad im hohen Gras nach links und geradewegs durch die sumpfige Wiese, bis wir auf Bohlen unter Erlenriesen das Wasser überwinden.

Dahinter steigt der Weg nun, neben einem Zaun zur Linken, geradewegs den Hang hinauf. Beim Aufstieg kommen wir durch eine Schlehenhecke und weiter aufwärts, hinweg über die Zufahrt zum Betriebsgelände rechts und längs der Koppel immer noch bergauf, dem Keil noch immer auf der Spur.

Links unter uns liegt Mendig, ein Zentrum des Basaltabbaus. Hier wurden wie bei Mayen die besten Mühlsteine gebrochen und über Andernach mit dem berühmten Kran in alle Welt verschickt; in Mayen holte man den harten und porösen Reibstein schon zur Steinzeit aus dem Boden, in Mendig seit dem Mittelalter, denn dort liegt über dem Basalt der späte Tuff des Laacher

Sees, hier kam man an das Urgestein nur mühevoll und unter Tage heran.

So entstanden über die Jahrhunderte zahllose riesige Höhlen, halb Mendig ist von solchen kühlen Felsenkellern untergraben: Und so kam es dazu, daß man hier, nachdem man lange schon den Untergrund aus Lavastein verkauft hatte, die kühlen Löcher noch ein zweites Mal verkaufen konnte, diesmal an die Brauereien. Von 1840 bis 1920 sind etwa dreißig Brauereien in Niedermendig namentlich erfaßt, heute gibt es nur noch eine („Vulkan-Brauerei"), denn als Herr Linde erst einmal die Kühlmaschine erfunden hatte, konnte man das Bier dort gären lassen, wo es auch getrunken wurde.

Noch immer steigen wir hinauf, entlang an Schlehen und an Hagebutten; wo wir die Höhe überwinden, kreuzt ein Querweg. Dahinter geht es weiter in derselben Richtung, gut markiert, hinweg durch eine beackerte Senke und auf die vorspringende Waldecke zu. Von dort geht es am Wald entlang und in den Wald hinein. Nur ein paar Meter weiter stoßen wir vor dunklen Fichten auf einen kleinen Querweg, den wir mit dem Keil des Wanderwegs nach rechts verfolgen, wo er gleich im Linksschwenk deutlich ansteigt, nun im Nadelwald.

Nach etwa sechshundert Metern im Wald ist der Anstieg fürs erste beendet. Wo vor uns das Gelände wieder abfällt, treffen wir auf einen Querweg, der uns rechts, wie wir es an der Buche lesen können, zur „Hochsteinhöhle" bringen will. So folgen wir nun rechts dem neuen Weg („6"), verlassen den Weg mit dem Keil, und steigen wieder an, sacht zunächst, dann deutlicher; schließlich geht es ohne Steigung aus den Fichten in dünnstämmigen Buchenwald. Hier knickt der Weg bald deutlich nach links und führt nun geradewegs, und steil, den Hang hinauf („6", „4"). Vom Weg ist hier im Laub am Boden nur ein Pfad geblieben.

In der Steigung knickt der Weg ein zweites Mal nach links und führt im Buchenhochwald an die „Genovefa-Hütte" [!] heran. Der Weg führt hier vorüber und dann als breiter Weg im Absatz des Geländes, am Hang des flachen Kegels, weiter. Jenseits der schwarzen Hütte gabelt sich der Weg; hier verlassen wir die beiden bezifferten Rundwanderwege und folgen rechts dem Zeichen des „Vulkanwegs" („V"). Nach einem halben Kilometer sachten Aufstiegs führt der Weg durch eine scharfe Kehre und steigt nun weiter an im Duft des Tannenwaldes. Vierhundert Meter darauf knickt er abermals, und nun nach links, und führt dann lange und bequem um den Hochstein-Kegel herum, vorbei an einer Abzweigung und einer Holzbank nebenan, nun ohne Steigung auf dem feingemahlenen Vulkanschutt. Links Buchenhaubergwald, rechts dichter Fichtenwald.

Wo nach etwa einem Kilometer von rechts ein Weg auf unseren Vulkanweg stößt, steht links bei einer Bank ein Felssporn abseits des bequemen Wegs. Das ist der Hoch-Stein, der dem ganzen Berg den Namen übertragen hat, eine Schweißschlakkenspitze als Felsenburg mit Treppenstufen und Geländer, bis heute Zeuge vulkanischer Aktivität vor etwa dreihundert Jahrtausenden. Hier steigen wir hinauf und haben über eine Esche hinweg den herrlichsten Blick auf die Eifel nach Nordosten: Bell, der Laacher See mit weißen Segeln und links die Halden und Gerätschaften der „Lava-Union". Wir steigen von der Felsenkanzel dann hinab und ein paar Meter vor dem Treppenabsatz noch einmal hinunter und links im Laub des Waldes an den Sockel des Hochstein heran. Hier finden wir die „Genoveva-Höhle", von weniger romantiksüchtigen Gemütern auch „Hochsteinhöhle" genannt. Doch immerhin: Vorstellen ließe sich leicht, daß Genoveva hier die Zuflucht nahm vor einer unberechtigten Verurteilung zum Tode, bis dann ihr Mann am Ende doch dahinterkam, daß ihn der böse Golo angeschwindelt hat-

Altes Zeichen

te, weil er, ebenso begehrlich wie vergeblich, in Lüsternheit ein
Auge auf des Grafen Eheweib geworfen hatte.

Seit 1790 ist bekannt und auch schriftlich verbreitet, daß die
nachtschwarze Höhle von Menschenhand geschaffen wurde:
ein Mühlsteinbruch des Mittelalters, in dem die letzten runden
Rohlinge nach halb vollendet an der Decke hängen.

Wir wandern weiter abwärts durch Vulkangeröll, stoßen mit dem
„V" bald wieder auf den breiten Weg und kommen links an eine
Bank und Hinweistafel mit einem solchen abgelösten Mühl-
steinrohling. Hier knickt der Weg nach links, wir folgen ihm hinab, je einmal noch durch einen Knick nach rechts und links. Am
Waldrand geht es dann vorbei am Wanderparkplatz „Hochstein".

Nun schwenkt der Weg nach rechts und bringt uns durch die
Felder an die Straße. Ihr folgen wir ein Stück nach rechts, nach
gut zweihundert Metern nehmen wir bei dem verlassenen Haus
Nummer 5 den Fahrweg links zu den „Roderhöfen" und folgen
ihm bis an den gelb verputzten Umsetzer, die Häuser und den
Tuffsteinbruch heran. Am Rand der Zufahrt, noch vor dem neu-
gebauten Haus, schwenkt der Vulkanweg dann nach rechts
und bringt uns durch das wellige Gelände mit Feld und Wiesen
auf den Wald zu. Lange folgt der Weg im Wald nun geradeaus
dem Waldrand, vorüber an der Gabelung, wo rechts ein Weg tief
in den Wald führt, vorbei an einer Schutzhütte zur Rechten und
immer weiter, ohne Steigung, geradeaus. Nach etwa zwei Kilometern im Wald schwenkt der Weg sacht nach links, wir berühren hier erneut am Waldrand einen Ackerstreifen. Dann finden
wir am Weg ein altes Hinweisschild aus Gußeisen, das uns verrät, daß Ettringen vier Kilometer hinter uns liegt. Dahinter steht
ein Beller Flurkreuz von 1778, eins der vielen Kreuze, die man
aus den Resten in den Mühlsteinbrüchen holte: „ALLES GOTT
ZU EHREN UNDEN ARMEN SEHLEN ZUM DROST."

Wir kreuzen hier den Querweg und wandern weiter geradeaus,
bis wir dahinter auf die Straße stoßen, die links zum Gänsehals
hinaufführt. Nicht einmal einen Kilometer folgen wir der Straße,
vorüber an den Resten eines Zauns und an der Zufahrt zu dem
alten, nun privaten, Turm. Dann haben wir den Höhepunkt der
Wanderung erreicht, in Metern akkurate fünffünfundsiebzig-
kommadrei. Wir müssen fast am schlanken Schaft vorüber und
über Treppenstufen rechts hinauf, wo wir in Zahlen alles Wis-
senswerte lesen, dann steigen wir im Turm hinauf bis zu der
Plattform, die man ihm in vierundzwanzig Meter Höhe dankens-
werterweise angehängt hat. Der Blick reicht weit nach allen Sei-

Genoveva-Höhle

ten, und was man ohne weiteres nicht gleich erkennt, das findet man mit Namen am Geländer.

Dann steigen wir hinunter, erst vom Turm, danach vom Berg, zurück bis an die Stelle, wo wir mit dem Wanderweg auf den Asphaltbelag der Zufahrt gestoßen sind. Hier folgen wir nun noch der Straße, und wo nach wenig mehr als hundert Metern links der Wald beginnt, verlassen wir die Straße, folgen links dem Weg am Grillplatz und der Schutzhütte vorüber und abwärts, auf den fernen See zu. Beim Abstieg kommen wir vorbei an Feldern und durch Hecken, vorbei an einer von den 43 roten Bänken des Verschönerungsvereins. Wo nach etwa achthundert Metern auch links der Wald zu Ende ist, beginnt der Asphaltbelag, der Weg führt nun im sachten Schwenk nach rechts auf Bell zu, vorbei an einer Baumreihe mit einer Hofanlage dahinter und dem Wanderparkplatz gegenüber, der mit seiner Buchenhecke aussieht wie ein kleiner Friedhof und auch tatsächlich ein paar alte Kreuze hat. Hier endete einmal die Beller Hagelprozession, und wer womöglich hier den Weg begonnen hat, der braucht nun nicht zurück nach Bell und kann der Inschrift auf dem Kreuz der „Amerikafahrer" von 1848 folgen: „Wanderer, stehe still und bete."

Nach Bell in der Laacher Vulkaneifel

Weglänge: gut 10 km

Anfahrt:
Autobahn A 61 bis AS Wehr, von dort nach Bell. Parkplätze im Ort an der „Neustraße" und an der „Brunnenstraße" am Rundweg, ggf. Wanderparkplatz an der „Gänsehalsstraße" außerhalb des Ortes am Rundweg. Werktags geringfügige Busverbindung mit Mayen und Mendig.

Wanderkarte:
Osteifel mit Laacher-See-Gebiet 1:25 000

Wanderweg:
Vom „Beller Hausbackofen" auf Kirche zu, rechts „Brunnenstraße" folgen (Keil), „Hasenbrunnen", zum Ort hinaus. Über Höhe hinweg, am Wald links und hinab durch den Wald zur „Erlenhütte". Abstieg zum „Erlenbrunnen". Am Bach 30 m rechts und Bachtal durchqueren, dahinter Aufstieg mit Keil. In Wald vor Fichten rechts Aufstieg. Nach 600 m, vor Wiederabstieg Weg mit Keil verlassen und rechts „6" Richtung „Hochsteinhöhle". Bald Linksknick und Böschung hinauf. Zweiter Linksknick und an „Genovefa-Hütte" [!] vorüber, bei Gabelung dahinter rechts Vulkanweg („V") folgen. Anstieg mit „V" in weiten Spitzkehren und um den Kegel herum bis Felssporn „Hochstein", darunter „Genoveva-Höhle". Weiter mit „V" hinab, an Wanderparkplatz „Hochstein" vorbei, an die Straße heran, gut 200 m rechts, dann links auf „Roderhöfe" zu, dort rechts „V" und bald nah am Waldrand 2 km weiter, geradeaus bis an „Gänsehalsstraße". Links Abstecher zum Aussichtsturm. Zurück, Straße folgen und gleich am Waldbeginn zur Linken links halten, nach 800 m rechts mit Asphaltweg an Hof und Herreskreuz (Wanderparkplatz s. o.) vorüber, zurück.

Der Weg ist im Bereich des „Erlenbrunnens" morastig. Für die Erkundung der Hochsteinhöhle ist eine Taschenlampe nötig. Die Richtfunkstation des RWE auf dem Gänsehals ist 73 m hoch, mit Antenne 87 m. Durchschnitt des Schafts 4 m, der der Plattform in 24 m Höhe 9 m.

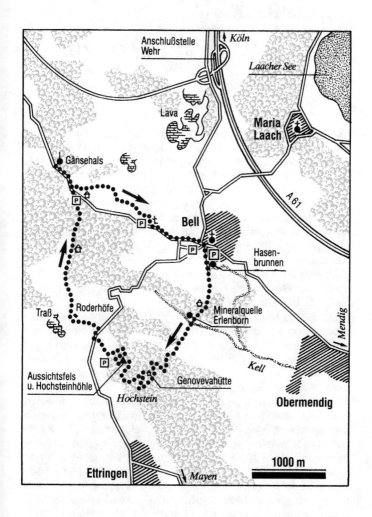

Tippeltour 21:

Schöne Wege am „Tor zur Eifel"

Der Löwe von Jülich streckt sich auf dem Wappenschild, um Platz zu schaffen für drei schlanke Trichterbecher, und noch die Karnevalsgesellschaft ist im Vereinsregister eingetragen als „Löstige Döppesbäckere": Schon im Mittelalter gab es Töpfereibetriebe auf dem Rymelsberg. Als ihr Dorf dann gegen Ende des 12. Jahrhunderts in einer Feuersbrunst verlorenging, bauten es die Kannenbäcker unten an der Straße wieder auf. „Uhles" hieß ihr Flecken nun: So verstand man zwischen Eifelrand und Börde die lateinische Vokabel „olla", die den „Topf" bezeichnete.

Später wuchs der Ort bis an den Wehebach, den größten Wasserlauf der Gegend, so hatte er seit 1664 seinen dritten Namen weg: „Zu der langen Wehe".

Heute ist das Töpfern als der Stolz von Langerwehe ins Museum eingezogen, und der Ort hört gerne auf den vierten Namen, seinen Kosenamen sozusagen: „Tor zur Eifel". Und tatsächlich läßt sich ein Besuch im Töpfereimuseum leicht mit einer schönen Wanderung verbinden, vom Flachen auf die ersten Eifelhöhen. Vom Wanderparkplatz hoch am Sportplatz über Jüngersdorf folgen wir dem Weg „A 5" nach Süden; gleich auf dem festen Querweg halten wir uns zwischen Hecken rechts und steigen so dem Wald entgegen. Rechterhand entweichen aus dem Kraftwerk weiße Sommerwolken. Am Waldrand vor uns sind die Wege durch grün-weiße Schranken versperrt. Wir halten uns hier links („Laufenburg"), verlassen aber dann nach 200 Metern den Weg zur Laufenburg fürs erste, nehmen bei dem weißen Einzelhaus am Wegekreuz den Weg nach links, erneut vorbei an einer Eisenschranke, und folgen vorerst dem „A 2" am Haus vorüber und hinunter in die flache, grüne Senke. Nach 400 Metern knickt der Fahrweg bei einem kleinen Teich nach rechts, wir folgen ihm durch diesen Knick, es geht am Wasserbehälter vorüber und geradewegs dann weiter, mit dem Wiesenweg bergauf.

Dampf gemacht

Wir sind schon hoch genug für weite Blicke in die Düren-Jüli-
cher Börde. Fern liegt der Tagebau von Hambach, vor uns Düren in der Ebene. Etwa 100 Meter hinter dem Wasserreservoir,
wo links der letzte Fahrweg nach Jüngersdorf hinabführt, verlassen wir den festen Weg geradeaus und halten uns leicht
rechts, wir kommen durch ein hölzernes Gatter und wandern
weiter mit dem Weg „A 2" und weiter hügelwärts. An der Waldecke gabelt sich der Weg: Wir bleiben anfangs links vom Wald
und kommen dann am Ende der Weide zur Linken im rechten
Bogen in den Fichtenwald („A 2").
Nach weiteren rund 150 Metern geht es geradewegs hinweg
über einen Querweg, der sich zur Linken noch verzweigt, dahinter schließt sich Mischwald an. Bald nehmen links die Kiefern
überhand, auch Birken werden häufiger, bei einem Hochsitz erreichen wir aufs neue Eichen und Buchenbestände. Etwa 100
Meter hinter dem Hochsitz, wo rechts am Weg ein Schild zurück
nach „Jüngersdorf" weist, folgen wir dem Weg, der als „A 5"
links abknickt. Beim Wegekreuz nach 300 Metern ist rechts erneut der Weg zur Laufenburg markiert; wir wandern geradeaus
mit dem „A 5", der uns nun rasch hinunterbringt vom Eifelrand.
Nach einem halben Kilometer geraden Abstiegs verlassen wir
bei einem Backsteinhof den Wald und wandern auf der Eichen-
allee weiter nach Merode. Noch ehe wir die „Schloßstraße" er-

reichen, schimmern die markanten Türme von Schloß Merode durchs Geäst. „Vamme rode" hieß die fürstliche Besitzung im 12. Jahrhundert: Von meiner Rodung. Die mittelalterliche Herkunft freilich sieht man dem heutigen Gemäuer nicht mehr an: Mehrfach wurde Schloß Merode neugebaut, zuletzt im niederländisch-stolzen Renaissance-Stil mit gegliederten Backsteinfassaden und Türmen wie der Kreml. Das Schloß ist nach wie vor bewohnt und gegen fremde Blicke abgeschirmt, so haben die Besitzer all die Schönheit dieses schönsten Wasserschlosses in der Gegend ganz für sich.

Die Häuser gleich am Ortsrand von Merode tun es ihrem Schloß an Stattlichkeit nach Kräften nach. Wir wandern auf der „Schloßstraße" nach rechts und lange durch den Ort, vorbei am Grund des Schlosses, weiter in derselben Richtung und vorüber an der alten, gut geweißten Hofanlage mit der Jahreszahl von 1647. Wo dann zuletzt die „Weberstraße" von links auf die „Schloßstraße" stößt, bietet rechts und über uns die „Waldgaststätte Wettstein" günstige Gelegenheit zur Rast. Noch immer folgen wir danach dem Lauf der „Schloßstraße", die nun nicht länger asphaltiert ist. Wir könnten, wenn wir wollten, geradewegs zu Fuß nach Trier gelangen, wie wir es am Parkplatz lesen können: „176 km". Es ist noch immer der „A 5", der uns bach-

Laufenburg

aufwärts bringt, nun ein Stück in Richtung auf den angezeigten „Ehrenfriedhof Marienbildchen".

In einer sachten Rechtsbiegung führt dann der Weg ein wenig in den Wald, durch ein Gatter hindurch und am Wasserbehälter vorüber. Nur einen Steinwurf weit dahinter nehmen wir den Weg zur „Laufenburg" nach rechts („A 5", „A 9"), und wo das eingezäunte Ackerland zur Rechten endet, haben wir den Wald auf beiden Seiten neben uns. Gleich nach etwas mehr als 100 Metern stoßen wir im Wald auf eine Wegespinne: Links führt der „A 5" zum Ehrenfriedhof; wir folgen halblinks dem „A 9". Der schmale Weg auf Sand und Sandstein steigt, mehr als einen Kilometer weit, gemächlich durch den schönen Wald. Rasch geht es dabei über einen kleinen Bach hinweg, der lange neben uns noch durch das Nadeldickicht schimmert. Bei einem Steinbruchloch am Weg zur Linken treten rechts die Fichten zurück, und wir wandern nun ein Stück durch Laubwald, ehe wir noch einmal in die Dunkelheit von Fichten tauchen und zuletzt vor Kiefernmischwald auf einen breiten Querweg stoßen. Hier wenden wir uns recht in spitzem Winkel und wandern, wieder auf dem Weg „A 5", nun ohne Steigung geradeaus.

Nach wieder einem halben Kilometer wenden wir uns bei dem Wegekreuz mit einer Bank im scharfen Knick nach links und fol-

Gut zu Fuß

gen nun dem Weg „A 9", bald über eine Wegespinne hinweg und weiter geradeaus, rechts am Waldrand oder links auf festem Grund, doch beide Male in derselben Richtung sacht hinab, bis wir die Laufenburg auf ihrem Felsensporn inmitten dürrer Weideflächen liegen sehen.

Die Burg ist jünger als Merode, die festen Türme lassen aber immer noch die Wucht des 14. Jahrhunderts ahnen. Uneinnehmbar lag die Burg im turmbewehrten Viereck auf der Höhe über dem Verkehr der Talstraße am Wehebach, zugänglich allein von

Nach Merode

Osten, durch die „Laufenburger Steingracht", jenen Weg, den
wir gekommen sind. Seit dem 17. Jahrhundert ist die Laufenburg Geschichte, und wer heute auf den wiederhergestellten
Eckturm steigt, der tut es nur der schönen Aussicht wegen.
Bei der rot-weißen Schranke verlassen wir den Wald und wandern geradewegs zur Burg hinüber, wo von den Pächtern eine
kleine Gastwirtschaft betrieben wird. Die Magerweiden auf der
Höhe werfen nicht genügend ab, als daß sich von der Landwirt-
schaft alleine leben ließe. Der Schankraum ist gefüllt von Wärme und Gesprächen, die Tische sind ringsum besetzt, und mit
dem Lampenlicht verbreitet sich die Wärme: Noch immer wird
die Laufenburg mit Gas beleuchtet. Die nahe Brauerei trägt zur
Gemütlichkeit das Ihre bei und bietet jedermann ihr „Du" an, um
des Reimes willen: „BIER aus PIER – das mundet DIR."
Jenseits des Fallgitters folgen wir dann links dem neu entdeck-
ten Wanderweg 5a. Der Keil als Zeichen führt uns steil den Hang
hinab, vorbei an einer Bank mit einem kleinen Querweg, auf einer Bohle über einen Wasserlauf hinweg und links ein Stück
noch mit dem Sührbach abwärts. Dann geht es über ein paar
Stufen in der Böschung hoch und mit dem festen Weg im
Trockenen noch immer für ein kleines Stück nach links.
Rund 100 Meter nach den Tritten verlassen wir das Bachtal und
den Weg des Eifelvereins mit dem Keil und folgen bei der Gabe-

lung vor Fichten rechts dem Böschungsweg „A 3". Der Weg
steigt stetig an und dreht sich dabei um den Wingertsberg herum. Beim Wegekreuz nach einem halben Kilometer seit dem
Bachtal halten wir uns links, dort steht ein pilzförmiger Wetter-
schutz am Weg. Dahinter, vor der Wasseranlage am Hang, folgen wir dem festen Weg nach rechts (weiterhin „A 3"). Wir achten nicht der Querwege; nach etwa 700 Metern vereinigt sich
von rechts ein zweiter Weg mit unserem, wir wandern weiter
durch den sachten Knick und geradeaus mit dem „A 3" und
kommen so bei einer großen, steingebauten Scheune aus dem
Wald. Hier führt uns unser Weg halbrechts am Waldrand weiter;
und diesen festen Weg verfolgen wir nun bis zum Schluß, auch
wenn uns der „A 3" zuvor bei einer Schranke noch durch Un-
wegsames führen will zu einer „Schönen Aussicht" an der Böschung. Wir halten uns hingegen auf dem guten Weg am Wald,
an dessen nächster Ecke wir begonnen haben. Und wer die
„Schöne Aussicht" dennoch sucht, der findet sie auch so: Einhundert Meter vor der Ecke mit den beiden Schranken läuft ein
schmaler Weg entlang der Hecke bis zum Kruzifix am Weg nach
hundert Metern. Vor uns liegt die alte Kirche auf dem Rymelsberg, wo Langerwehe einst entstanden ist, dahinter aber domi-
niert den Blick das Kraftwerk an der Autobahn und pafft noch
immer weiße Wolken in die kalte Luft.

Schöne Ansicht

Bei Langerwehe in die Eifel

Weglänge: ca. 11 km

Anfahrt:
Autobahn A 4 bis AS Eschweiler-Weisweiler, von dort über Weisweiler der Beschilderung folgen (B 264). In Langerwehe zweite Ampel rechts ("Schönthaler Straße") und unmittelbar hinter der Eisenbahnunterführung links "Jüngersdorfer Straße", nach 500 m rechts "Am Königsbusch" hinauf zum beschilderten Parkplatz. Oder mit der Eisenbahn (Eilzugstation!) und über "Bahnhofstraße" und "Jüngersdorfer Straße" zum Start.

Wanderkarte:
Erholungsgebiet Dürener Rur-Eifel 1:25 000

Wanderweg:
"A 5" südwärts, am festen Querweg rechts, am Waldrand links, nach 200 m am Wegekreuz links und "A 2" hinab. Nach 400 m bei Teich rechts, am Wasserbehälter vorüber, nach 100 m rechts durch Gatter und "A 2" aufwärts, später in den Wald. Dort über Querweg hinweg, 100 m hinter Hochsitz links "A 5" bis Schloß Merode.
"Schloßstraße" durch den Ort, im Wald dann "A 9" rechts und später wieder auf "A 5" stoßen. Rechts, nach 500 m "A 9" scharf links und zur Laufenburg. "5 a" hinab (Keil), über Bach hinweg und mit ihm ein wenig abwärts, über Tritte in der Böschung aufwärts und weiter hinab, nach 100 m rechts "A 3". Nach 1,2 km zum Wald hinaus und mit "A 3" zurück (zuvor "Schöne Aussicht" links).

Der Weg kann stellenweise morastig sein, festes Schuhwerk ist angeraten. Varianten sind im dichten Wanderwegenetz möglich (vgl. Karte). Der Weg zum Töpfereimuseum Langerwehe am "Pastoratsweg" ist im Ort beschildert. Geöffnet dienstags bis freitags 10.00–12.00 Uhr und 14.00–17.00 Uhr, an Wochenenden 10.00–17.00 Uhr. Tel.: 0 24 23/44 46.

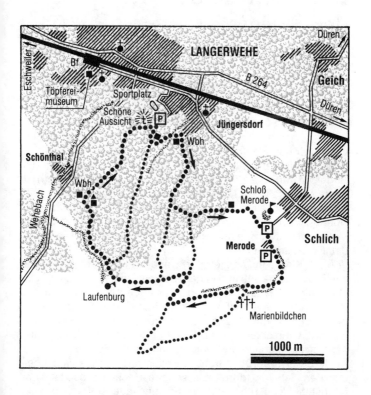

Tippeltour 22:

Ein Grenzland voller Spuren des Krieges

Bekannt durch den Roman von Clara Viebig ist seit 1908 das „Kreuz im Venn". Weit weniger bekannt dagegen ist das „Eifelkreuz" von 1947, vom ersten gerade mal elf Kilometer weit entfernt. Doch zwischen beiden liegen obendrein: zwei Weltkriege, seit 1920 eine Grenze, dazu seit 1938 die Wäscheleine für die englischen Soldaten – gemäß dem Vorsatz aus dem flotten Vers: „Wir hängen uns're Wäsche an der Siegfriedlinie auf!" – Gebaut indessen hatte man das Bodendenkmal aus Beton die Hügel auf und ab als Westwall. Das Eifelkreuz bei Simmerath ist heute unser Ziel auf einem Weg, der reich an Denk- und Sehenswürdigkeiten ist. Und wenn es auch am Ende nicht der Höhepunkt von allen ist, so ist es doch der höchste Punkt: 554 Meter über NN, nur einen Meter weniger als auf der Richelslei das Kreuz im Venn.

Von der Kirche in Lammersdorf wandern wir ostwärts hinüber zur Bundestraße 399 und folgen rechter Hand der „Kirchstraße" ein wenig durch den Ort. Wir kommen noch am „Lammersdorfer Hof" vorüber, dann nehmen wir nach links die „Schießgasse" und folgen ihr zum Sportplatz und zum Ort hinaus („5"), wo sie dann „Im Buschfeld" heißt. Der Weg ist bald auch als „Museumsweg" markiert und weist schon auf die Kalltalsperre hin. Am letzten Hof vorüber, geht es weiter geradeaus auf dem gesperrten Fahrweg durch die schöne Heckenlandschaft. Am nächsten Wegekreuz sind die Spazierwege in Eifelplatt vermerkt. Wir folgen weiter geradeaus dem „Böschfeilder Wääch", kommen hinweg über den Weg „Lehmkuhl" und unter der Hochspannungsleitung hindurch und auf der „Kallebrucher Jaas" weiter schnurstracks geradeaus, nun in den Wald und weiter auf die Kalltalsperre zu.

Bald nach dem Ende des Asphaltbelags endet rechts auch die Lichtung. Die bequeme „Kallebrucher Jaas" knickt nun nach rechts; wir aber steigen geradeaus, am Rand des Fichtenwalds, den Hang hinab. Der Weg ist an den Stämmen nach wie vor markiert: „1, 2, 3, 4".

Eifelplatt

Der Pfad bringt uns durch Birken abwärts. Unten kreuzt ein Querweg, dann kommen wir auf einer Holzbrücke hinweg über den Keltzerbach, dahinter rechts auf einem feingestreuten Weg am Rand der Talsperre entlang, gleich auch über den Zulauf des „Saarscher Bachs" hinweg und auf dem „Talsperrenrundweg" bequem am Wasser entlang.
1911 war für den Landkreis Aachen die „Dreilägertalsperre" bei Roetgen eingerichtet worden. In Dürrezeiten reichte deren Wasser nicht, so wollte man sie durch den nahen Weserbach ergänzen, doch der kam 1920 mit dem Rest von Eupen-Malmedy abhanden und hieß auf einmal „Vesdre". Statt dessen grub man 1924/26 einen Stollen vom Kallbach und vom Keltzerbach als Wasserleitung durch den Felsen bis zum Stausee im Dreilägertal. Es war der „größte Wasserleitungsstollen Deutschlands", 6,24 Kilometer lang bei einem Höhenunterschied von 7 Meter vierzig – und doch ein Provisorium. 1934, im zweiten Jahr der „Arbeitsschlacht", wurde daher mit dem Bau der Kalltalsperre begonnen. Erstmals durften keine Arbeiter mit belgischen Papieren nach dem Spaten greifen: Es ging hier nicht allein um deutsches Wasser, auch um deutsche Arbeitslosenzahlen, und so wurde, wo es ging, auch auf die Hilfe von Maschinenkraft verzichtet. 1936 war der Stausee fertig und wurde eingeweiht am 23. August: eine Woche nach den Sommerspielen von Berlin wieder ein Triumph des Willens!
Der Rundweg führt uns am Entnahmeturm des Verbindungsstollens vorüber, in der Böschung gegenüber erkennen wir den „Heinrich-Geis-Stollen", der seit 1956 Verbindung mit dem Rursee schafft. Schließlich wandern wir über den Staudamm hinweg, 182 Meter lang, unten 164 Meter breit, 34 Meter höher keine sechs: 5,80 Meter mißt die Kronenbreite.
Dahinter setzen wir den Uferrundweg fort und kommen durch die scharfe Doppelkehre in der Böschung aufwärts, bis wir erneut die Mauer unter uns haben. Dann führt der Weg uns weiter durch den „Kaiserfelsen" und weiter hoch am See entlang, der

mehr als einen Kilometer später nach und nach den Bach erkennen läßt, von dem er seinen Namen und sein Wasser hat.
Hier zweigt nach links ein Weg nach Rollesbroich ab; wir wandern weiter mit dem Zeichen „4" den Kallenbach aufwärts, vorüber an der „Pegelanlage Kallbach oberhalb" und auf einer
schönen Bruchsteinbrücke über das Wasser hinweg. Auch dahinter bleiben wir im Bachtal. Bald verlassen uns der Rundweg
„4" und der „Museumsweg" nach rechts, wir wandern weiter auf
dem breiten Weg im Tal, im Knick vorbei an einem Schmiede-
eisentor mit Hufeisensymbolen.
Wo gut 250 Meter danach bei einer kleinen Lichtung zur Linken
die sachte Steigung ein Ende hat, nehmen wir den kleinen
Querweg „5" nach links, der in der Böschung gleich nach
rechts knickt, und folgen ihm am Wald entlang und auf die Straße zu. Am Waldrand finden wir zur Rechten, halb versteckt, ein
Kruzifix mit einem Mühlstein.
Wir wandern unterhalb der Böschung weiter bis zum Fahrbahn-
damm am „Gruppenklärwerk" Simmerath und folgen nun der
Straße auf dem breiten Bürgersteig nach links („5", „6"). Erneut
geht es über den Kallbach hinweg. Zweihundert Meter weiter,
wo links der Wald die Straße berührt, verlassen wir die Fahrbahn wieder und folgen gegenüber dem Weg „6". Wir kommen
über einen kleinen Wasserlauf hinweg, durch eine Doppelkehre

Hermann Löns war gerne hier

und hinauf ins freie Heckenland. Einmal zweigt ein splittge-
streuter Weg nach links ab; wir folgen weiter unserem Weg „6"
mit Heckenbuchen auf der linken Seite aufwärts bis zur freien
Höhe.

Wo die Buchenreihe endet, treffen wir auf einen asphaltierten
Weg. Ihm folgen wir nach rechts (weiter „6"), nach 150 Metern
geht es ein paar Schritte rechts und links dann weiter auf den
dunklen Wald am Rand der Böschung vor der Straße zu. Der
Querweg, den wir dort erreichen, bringt uns links gleich weiter
auf dem Rundweg. Vorher aber lockt zur Rechten, etwa 50 Meter weit entfernt, am jenseitigen Rand des Streifens Wald, ein
schroffer Felsen, der da blättrig aus der Erde stößt: Bis 1926
hieß die Kuppe „Laienkopf", dann wurde sie im Mai zum „Löns-
Felsen" erhoben. Ein Relief des Heidedichters findet man auf einer Tafel an der Lammersdorfer Seite. Hermann Löns hat gern
das Hohe Venn besucht: „Alles ist mir hier lieb und wert, redet
zu meinem Herzen und wärmt mir die Seele." Damit mochten
sich die Gäste bei der Feierstunde trösten, denn ansonsten war
es eisig kalt und alles aufgeweicht von Wolkenbrüchen, und
tags darauf lag morgens Schnee: am 17. Mai!

Wir folgen nun weiter unserem Weg „6"; der Wiesenweg verläuft
hier oberhalb der Straße zwischen Weidezäunen, vereinigt sich
mit einem zweiten und führt als „Harresfeld" bis an die Straße

Drachenzähne

heran, wo ein zweites Denkmal einen zweiten Toten ehrt: „Stumm schläft der Sänger", heißt es auf dem Stein für Emil Ernst. Ein Stück noch folgen wir der Straße nach links, was auch bedeutet: geradeaus, dann erreichen wir in Witzerath die große Kreuzung und den „Witzerather Hof". Hier halten wir uns rechts, verlassen gleich die Bundesstraße 399 und nehmen rechts den kleinen Fahrweg „Zum Mühlchen" (immer noch Weg „6").

Der Fahrweg folgt ein Stück der Bundesstraße, aber unterhalb (Schild „Cholerakirchhof"), dann schwenkt er rechts („Flotz") und führt hinab zur Simmerather Mühle.

Hier überqueren wir nach rechts den jungen Kallbach und folgen nun bis Paustenbach dem Wanderweg 6 des Eifelvereins und seinem schwarzen Keil die Mühlengasse und den Kreuzweg aufwärts; gut 100 Meter hinter der Mühle verläßt uns ein Weg und folgt dem Bachverlauf; wir wandern weiter auf dem gut markierten Asphaltweg, vorbei am nächsten Kreuz des Kreuzwegs. Bei einer kleinen Grotte mit Madonna (neben Kreuz 7) führt unser Wanderweg im spitzen Winkel rechts hinauf und schon beim nächsten Kreuz im spitzen Winkel wieder links und weiter auf die Höhe. Es geht vorüber an Kreuz 9, am zehnten haben wir die Höhe fast erreicht und folgen hier dem Asphaltweg weiter sacht hinauf. Am elften Kreuz beginnt dann schließlich

Eifelkreuz

rechts der Abstecher zum Eifelkreuz am höchsten Punkt des Weges, auf der „Koop".

Der nahe Westwall hat die Dörfer an der Grenze nicht geschützt, im Gegenteil: Die Alliierten, die die Abwehrkraft der Bunkerlinie und „Drachenzähne" auch noch überschätzten, haben ihn für Monate mit Artilleriefeuer belegt, bevor sie weiterzogen. Da blieb in Paustenbach und Lammersdorf denn fast kein Stein mehr auf dem anderen, und zum Gedenken an die vielen Toten hat man 1947 hier den Kreuzweg und das Eifelkreuz errichtet als Zeichen für den Frieden: elf Meter hoch und weit zu sehen. Vom „Koop" geht es zurück zum elften Kreuz und weiter mit dem Asphaltweg abwärts bis nach Paustenbach. Hier kreuzen wir noch vor dem ersten Hof den Lauf des Westwalls, geplant von Geilenkirchen bis zur Schweiz, und zwischen Lammersdorf und Monschau immerhin so weit vollendet, daß es für Wochen-schauen – und die Arbeitslosenzahlen – reichte. Kein Panzer sollte diesen Limes überwinden, und für den Luftraum galt das Wort des Dicken, der da Meier heißen wollte, falls ein alliiertes Flugzeug je die Grenze überfliegen sollte. Göring hieß der, und es blieb auch bei dem Namen, als die Flugzeuge bis Dresden flogen.

Wir wandern mit der Straße durch den wiederaufgebauten Ort gut einen halben Kilometer weit, zuletzt vorbei an der Kapelle, vorüber an der „Eifelstraße" und schließlich noch hinweg über die „Lönsstraße". Am Ende der Hecke dahinter verlassen wir den Wanderweg und seinen Keil und folgen rechts dem „Berg-weg" durch die Biegung mit der Buchenhecke und längs der Buchenreihe dann auf unser Ziel zu („5"). Zwischen Weidezäu-nen geht es auf dem Graspfad rasch hinab, unten überqueren wir den kleinen Paustenbach und steigen gegenüber mit dem kleinen Fahrweg wieder an, so wie einen halben Kilometer ne-ben uns die Höckerlinie, bis wir dann im Ort die erste Straße links verfolgen und schließlich rechts zur Kirche kommen.

Von Lammersdorf zur Kalltalsperre und zum Eifelkreuz

Weglänge: ca. 13 km

Anfahrt:
Entweder Autobahn A 1 bis AS Euskirchen-Wißkirchen und auf B 266 über Gemünd und Simmerath bis Lammersdorf; oder über A 4 bis AS Düren und von dort B 399 bis Lammersdorf. Wanderparkplatz an der Kirche. Mit dem Bus ab Aachen Hbf. bis Lammersdorf/Kirche, tägl. ca. stündlich. Auskunft: 0 24 73/ 66 46 oder 66 47.

Wanderkarte:
Monschauer Land, Rurseengebiet 1:25 000

Wanderweg:
Mit „Kirchstraße" südostwärts, links „Schießgasse" („5"), weiter „Im Buschfeld", zuletzt auf der "Kallebrucher Jaas" und mit „1, 2, 3, 4" hinunter an die Kalltalsperre. Unten Talsperrenweg rechts, über Mauer hinweg, in Kehren aufwärts und weiter am See entlang (anfangs noch „4"), im Kalltal weiter und über „5" halblinks an die Straße. Links „5", „6", über Kallbach hinweg. 200 m weiter rechts „6" aufwärts, oben Asphaltweg rechts und mit „6" über Querweg zum „Löns-Felsen". Weiter „6" bis Witzerath. Rechts auf B 399 und gleich rechts „Zum Mühlchen" („6") zur Simmerather Mühle. Von hier Weg 6 des Eifelvereins folgen (Keil) über Kreuzweg mit Eifelkreuz bis Paustenbach, vorüber an der Kapelle, rechts „Bergweg" hinab und nach Linksknick mit „5" durch Senke und zurück.

Das Bauernmuseum in Lammersdorf ist sonntags von 11.00 bis 18.00 Uhr geöffnet.

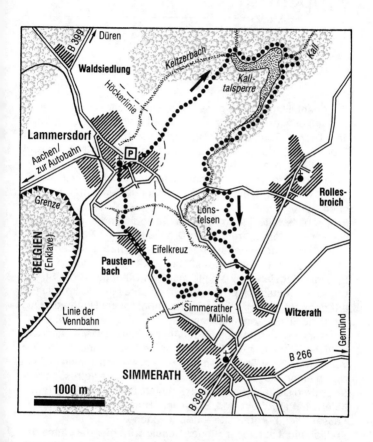

Tippeltour 23:

Vom Buckel runter und über die Ahr

„Hier genießt man ein eigenartiges, wunderbares Bild, wie man es – außer in der Schweiz – kaum wieder findet", schrieb 1892 der Trierer Schuldirektor und „Eifelclub"-Begründer Adolf Dronke: „Die Ahr macht eine kleine Schleife nach Norden und umschließt so eine kleine, nicht bedeutende Höhe, während das rechte Ufer von steilen hohen, teilweise kahlen Felsen eingefaßt wird. Auf dem Halse der Landzunge liegt nun das Dörfchen Schuld."

Mit Dronkes Hilfe finden wir es heute noch, und noch genauso wie vor hundert Jahren. Denn Dronke trug den Namen „Eifel-Vater" nicht von ungefähr, nur sein „Club" trägt seit der Gründung einen anderen und heißt seit 1888 „Eifel-Verein".

Erst im Kriegsjahr 1870 hatte man von Dümpelfeld die Straße bis zum Armutsbach errichtet, jetzt mochte hier der Wohlstand auf bequemen Rädern durch das Ahrtal rollen. Doch auch als 1910 die Eisenbahn hinzukam, blieb es ruhig, und niemals wieder war es so betriebsam an der Ahr bei Schuld wie einst im wegelosen Mittelalter, als Jahr für Jahr die Bauern und die Winzer vor dem „Prümer Tor" zusammenkamen, wo sich der kleine Fluß durch einen Riegel aus Quarzit und Grauwacke gefressen hatte, und wo sie Jahr für Jahr den Zehnten für das Kloster Prüm zu liefern hatten: Wein und Schweine, Hühner, Reifen, Fackeln, Fässer, Weinbergpflöcke – oder einfach Geld.

Freilich nicht von jener Steuer-Schuld wird hier der Name der Gemeinde abgeleitet, sondern von dem alten Namen „scolta", Schild, und von der Form des Höckers an der Ahr, der wirklich aussieht wie ein Schild mit Rand und Buckel. Der Rand: das ist der Fluß, und auf dem Buckel steht die Kirche, wo heute unser Weg beginnt.

Vom Parkplatz gehen wir hinab zu Kirche von St. Gertrud, die schön den romanischen Turm von 1240 mit ihrem lichten Scheiteldach von 1974 verbindet. Bedeutend ist im Innern auch der alte Taufstein aus Basalt.

Über ein paar Treppenstufen steigen wir hinunter an die Straße und wandern, an der Post vorüber, links hinab. Hier finden wir denn auch das Wanderzeichen für die erste Hälfte des gesamten Wegs, den schwarzen Keil des Eifel-Vereins. Die Bogenbrücke bringt uns über die Ahr, daneben an der Tunnelöffnung noch immer die Eisenbahnbrücke, über deren Trasse nun schon buchstäblich das Gras gewachsen ist. Bei ihrem Bau, im Juni 1909, hatte eine Wasserkatastrophe das Leben vieler Arbeiter gekostet.

Hinter der Brücke biegen wir rechts in die „Ahrstraße" ein, nehmen gleich darauf die „Gartenstraße" wieder rechts und wandern dann, erneut auf der „Ahrstraße", am Fluß entlang. Die schroffen Felsen am Hang gegenüber weichen bald flacheren Formen mit Erlen und Eschen. Es geht vorüber an der Straße „An der Lecker". Wo dann der Asphaltbelag endet, heißt unser Wander-Weg „Am Berg", und das mit gutem Grund: Hier steigen wir am Prallhang nun hinauf. Bald kreuzt ein Querweg ohne Steigung, wir bleiben auf dem Wanderweg, vorbei an einem einsamen Haus hinter Fichten, gemalte Sonnenblumen an der Wand. Dahinter folgen wir dem schmalen Pfad nach rechts und steigen nun im Eichenwald bergauf.

Bald stoßen wir auf einen breiteren Weg in der Böschung, der uns weiterbringt nach rechts, nun weniger steil als zuvor, ent-

Idyllisches Schuld

Alles klar

lang am Oberrand der Kerbe eines kleinen Wasserlaufs, der
rasch der Ahr entgegenstrebt. Mehrfach stoßen von links andere Wege hinzu; wir wandern geradeaus auf dem markierten
Wanderweg, vorüber an Schlehen und Weißdorn.
Unterhalb von Harscheid und der Höhe stoßen wir auf einen
Querweg. Hier halten wir uns links und auf dem Weg, der so verläuft, wie er am Ende heißt: „Am Hang". Die Straße, die wir hier
erreichen, trägt den Namen „Talstraße": Sie führt zuletzt hinab
nach Schuld ins Tal. Ein wenig links nur liegt die „Schöne Aussicht", und auch bei ihr verspricht der Name nichts, was er nicht
halten könnte: Tief im Tal die Schleife von Schuld, fern die Nürburg und der Aremberg. Die Wirtin stammt aus Halle und be-
kocht die Gäste seit dem Beitritt Sachsen-Anhalts herzhaft mit
Thüringer Kost: Schöne Aussicht auch für sie.
Die „Talstraße" erneut hinauf, verfolgen wir weiter den Weg mit
dem Keil des „2 a". Am Oberrand des Ortes stoßen wir bei der
Kapelle auf die Höhenstraße nach Rupperath und Insul, unten
an der Ahr gelegen. Gegenüber feiert ein Gedenkstein unter
Birken noch die Völkerschlacht bei Leipzig; „1813–1913".
Rechts daneben führt der Weg uns die Böschung hinauf und
links dann weiter zwischen Wald und Ackerrand. Wo wir neben
den Kiefern über die Kuppe hinwegblicken können, sehen wir
die schöne Berglandschaft der Ahreifel und zwei Kilometer vor

uns den Viereckturm der Wensburg, in etwa unser Ziel- und Wendepunkt für heute.

Am Ende des Waldstücks halten wir uns rechts, nur etwa 20 Meter weiter wenden wir uns bei der Bank nach links und wandern zwischen Feldern talwärts. Wir kreuzen einen Asphaltweg; vor der bewaldeten Böschung stoßen wir dann auf den Querweg, der uns links weiterbringt und nach 200 Metern halbrechts in den Wald. Es geht am Oberrand eines Einschnitts entlang auf gut markiertem Weg, ein Schild verspricht uns hier die „Wensburg". Ohne auf einen Querweg zu achten, kommen wir auf unserem guten Weg links um den Berghang herum und gleich darauf mit der Rechtskehre weiter hinab.

Nun haben wir ein tiefes Bachtal je zur Rechten wie zur Linken und wandern weiter auf dem Rücken geradeaus. In der nächsten engen Kehre verlassen wir auf Zeit den festen, breiten Weg und steigen nun im Wald, und weiter auf dem Höhenrücken, abwärts. Wenig später stößt der Wirtschaftsweg aufs neue zu uns, dann verläßt er uns für immer, um rechts in spitzer Kehre um den Fels herumzuführen. Wir wandern weiter geradeaus, fast ohne Weg, doch auf der Spur der gut gesetzten Zeichen. Der schöne Gratweg bringt uns zwischen Eichen und einzelnen Kiefern stetig hinab, bis wir zuletzt nach links hinuntersteigen, hinweg über den Wasserlauf, dahinter mit dem breiten Weg nach rechts, bachabwärts.

Neugierig

Nach etwa 700 Metern schwenkt der Weg nach rechts und bringt uns durch das Tal mit einem gut postierten Hochsitz und wieder über den Bachlauf hinweg. Dahinter stößt ein Weg hinzu, der bisher rechts dem Bach gefolgt ist. Der nächste Weg nach rechts, der schon im Bogen wieder aufwärts führt, wird unser Rückweg sein. Doch anfangs wandern wir noch geradeaus, bis sich das schöne Liersbachtal zur Linken öffnet mit bunten Apothekerwiesen voller Blumen bis zum Kegel mit der Wensburg. Von dort aus hielt seit 1401 der Kölner Erzbischof seine schützende Hand über die Ahr – manchmal freilich auch den Knüppel.

Der Weg folgt noch dem Liersbach, bis er über ihn hinwegführt und den Laubachshof erreicht, ein festes Backsteinhaus mit Zinnen über dem Portal. Von hier aus wandern wir zurück, zurück ins Liersbachtal und wieder auf die Wensburg zu. Der Weg steigt sacht und stetig an am Oberrand des schönen Wiesentals. Rechts zweigt der Weg ab, der hinüberführt zur Burg. Noch folgt er uns ein wenig unterhalb. Wo er dann nach rechts knickt, nehmen wir Abschied vom markierten Wanderweg und folgen einen Steinwurf weiter links dem Weg den Hang hinauf. Es geht in einer doppelten Kehre nach oben. An den ersten hohen Fichten haben wir es schriftlich, daß wir richtig sind: Hier weist die Schrift nach Schuld. Der Weg über dem Rücken des Sassert hat zwar keine Zeichen, dafür ist er unmißverständlich zu finden: Immer obenauf und immer geradeaus. Nach mehr als einem Kilometer geht es eine Zeitlang an einer bewirtschafteten Lichtung vorüber, links bietet sich ein schönes Bild. Wo sich dahinter die Wege verzweigen, wandern wir noch immer geradeaus, auf Schuld zu, wie wir wieder lesen, und weiter auf der Höhe, vorbei an einem Kruzifix, das hier an einen Stamm gelehnt ist. Dann verlassen wir den Wald und wandern durch das freie Weideland. Noch immer geradeaus, erreichen wir zuletzt die Straße nahe Harscheid. Links liegt der Hof „Am Steinkreuz". Wir überqueren hier die Straße und wandern gegenüber an der Weißdornhecke abwärts; nach 150 Metern kreuzen wir den Rundweg „A 2" und wandern weiter geradeaus, zwischen Weidezäunen geradewegs hinab.

Einen halben Kilometer weiter stoßen wir bei einer Bank aufs neue auf den Fahrweg und folgen ihm nun geradeaus und weiter abwärts. Wo vor dem Knick nach links die Asphaltdecke beginnt, verspricht uns rechts ein Hinweisschild die „Spicher Ley", und für einen Blick zumindest steigen wir ein Stück hinauf, gerade bis zu einer Bank. Unter uns, am Fuß der Felsen wie zu

Lambachshof

unseren, liegt Schuld, wie Dronke es gesehen hat: „Das malerische, herrliche Bild." Dann steigen wir weiter ins Tal, auf dem Fahrweg durch die Kehre und auf der „Römerstraße" abwärts in den Ort. Auch der „Römerweg" zur Linken weist mit Stolz auf einen Gutshof aus der Zeit der römischen „Arduenna silva", den man links im Hang vermuten darf.
Mit weitem Links- und Rechtsschwenk führt die „Römerstraße" uns hinab bis an die Ahr mit ihrer wunderschönen alten Brücke. Vorüber an den Linden, dem Fachwerk und dem säuberlichen Brennholz geht es gegenüber aufwärts mit der „Domhofstraße" und hinter einem kleinen Spielplatz links hinauf und weiter bis zur Kirche auf dem Schild von Schuld.

Von Schuld ins Liersbachtal

Weglänge: gut 11 km

Anfahrt:
Über Autobahnkreuz Meckenheim bis Altenahr und B 257 Richtung Adenau bis Dümpelfeld, rechts ab nach Schuld. Dort am Ortseingang links Richtung Reifferscheid, Wanderparkplatz nach 80 m zwischen Kirche und Friedhof.

Wanderkarte:
Bad Münstereifel 1:25 000 oder L 5506

Wanderweg:
Über Ahr hinweg und mit „Ahrstraße", „Gartenstraße" und wieder „Ahrstraße" (Keil) am Fluß entlang und „Am Berg" hinauf, oben unterhalb Harscheid links und in den Ort. Talstraße weiter aufwärts (Keil) am Waldrand entlang und im Wald auf Höhenrücken zwischen Bachtälern hinab, zuletzt links hinab und mit Bach zum Wald hinaus. Im Wiesental über Liersbach hinweg und Abstecher bis Laubachshof. Zurück. Wo Weg zur Wensburg rechts knickt, links Aufstieg durch doppelte Kehre und auf Bergrücken durch den Wald und zuletzt an die Straße nach Harscheid. Gegenüber abwärts und nach 150 m „A 2" kreuzen und geradewegs zurück nach Schuld mit „Römerstraße", Brücke, „Domhofstraße".

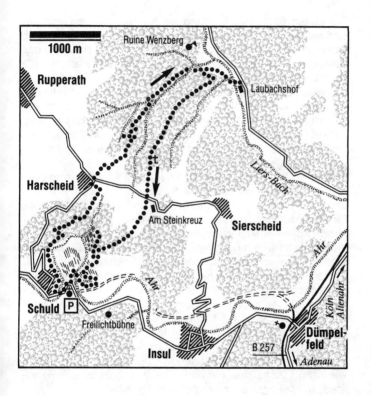

Tippeltour 24:

Schöne Blicke beiderseits

Zur ersten Blüte kam Gemünd mit Röhren, Kesseln und geschweißten Manometern. Alles, was der Boom der Eisenbahn verlangte, gab es konkurrenzlos in der Eifel, und so wuchs das Dörfchen rasch heran zur „florissanten" Industriestadt. Nur die Eisenbahn blieb fern, und als ihm auch zuletzt die Preußen keine Schienen vor das Werkstor legen mochten, wechselte der Röhrenbauer Albert Pönsgen schweren Herzens von der Urft zum Rhein und nahm die Arbeiter gleich mit. Wer zurückblieb, schaute in die Röhre – und sah schwarz: „Das früher so blühende Gemünd", so klagte prompt der Bürgermeister, „wird nichts weiter sein als ein elendes Eifeldorf."

Er kannte 1860 nur die eine Seite der Medaille, aber keine dreißig Jahre später pfiffen es die Spatzen schon von allen Dächern: „Unsere fieberhaft erregte Zeit verlangt in jedem Jahre für die Bewohner größerer Städte gebieterisch die vorübergehende Außerbetriebsetzung ihrer Arbeitskräfte." So lautete der erste Satz im ersten Reiseführer für Gemünd von 1888, und im fünften ließ er schon die Katze aus dem Sack: Des Industriezeitalters ideale Sommerfrische hieß Gemünd, und die Besserverdienenden in Pönsgens „Düsseldorfer Röhren- und Eisenwalzwerken AG" mochten so im Sommer wieder in die alte Heimat kommen: zwecks „Außerbetriebsetzung".

Diese zweite Blüte wächst noch immer in Gemünd. Wo die Pönsgens ihre Röhren bogen, macht man heute Kunststoff, Bier und Pappe, doch am Wochenende halten es die Menschen so wie 1888: „Da heißt es denn in schöner Jahreszeit den Reisestab zur Hand genommen und hinausgepilgert ..."

Wir beginnen am Marienplatz. Vom Parkplatz vor dem Amtsgericht folgen wir der „Marienstraße" die hundert Meter bis zur Kreuzung und folgen gegenüber der „Römerstraße" (ohne Schild) in der Böschung aufwärts in Richtung „Wohngebiet Salzberg". Neben uns verläuft im Tal die lärmende B 266. Etwa einhundert Meter hinter der Sackgasse „Am Salzberg", gleich hinter dem großen weißen Wohnhaus, steigen wir rechts den schmalen Asphaltweg in der Böschung schräg hinauf, bis er sich oben gabelt, links erneut hinab und rechts zum Kreuz am

Wohngebiet: Hier folgen wir mit scharfem Knick nach rechts dem kleinen Pfad entlang am Unterrand der Siedlung. Neben uns fällt das bewaldete Gelände ab ins Tal der Urft. Wo sich der Pfad nach 400 Metern gabelt, halten wir uns weiter hart am Rand der Böschung und kommen an die ersten Häuser von Malsbenden. Der Weg ist wieder asphaltiert und schwenkt zuletzt vor einem roten Klinkerhaus nach rechts und bringt uns unten mit der Sackgasse „Am Hühnerberg" nach links bis an die Straße „Dreiborner Weg". Dort finden wir das Zeichen, dem wir uns für lange Zeit nun überlassen: „9", nach links.

Vorüber an der Abzweigung des Fahrwegs „Stesbenden" geht es rasch nach oben und am Wasserreservoir endgültig ins Freie. Hier läßt die Steigung nach, wir kreuzen einen Querweg und sind nun mitten in der schönsten Wiesenlandschaft. Zurückgelassen haben wir das Tal der Urft, hinter uns erstreckt sich wie ein Riegel im Gelände das Waldgebiet des Kermeter, rechts entdecken wir am Horizont den Turm von Vogelsang, der alten Ordensburg der NSDAP. „Nordischer Strenge Geheiß verkörpert dein trutzig Gequader. / Steinerne Finger des Schwur's reckst du ob Eifel und Urft", so hatte ein Bewohner 1937 im Ka-

Gut Holz

meradschaftsblatt gedichtet. Und wie Kafkas Schloß beherrscht das wuchtige Gemäuer immer noch mit weitgestreckten Bauten das Gelände: gut zu sehen, aber dennoch unerreichbar im Sperrgebiet des heute belgischen Manöverplatzes. Dies war einmal „größte Sehenswürdigkeit der Eifel", der Geist der Nazizeit in Stein, „Bollwerk deutschen Wesens", wie es bei der Grundsteinlegung 1934 hieß; hier sollten ausgesuchte Hitler-„Junker" ihren letzten Schliff erhalten, um zu „Predigern nationalsozialistischer Weltanschauung" zu werden, nach den Worten Robert Leys zu „Herrenmenschen". Schon im Frühjahr 1936 war die „Festung des Geistes" vollendet, und im Mai begann für die ersten 500 „Führeranwärter" der Dienst: Frühsport, Führerwort und „Kameradschaftsweise Abrücken zum Frühstück!"

Für die Zivilisten gab es viel zu tun. Vogelsang war rasch der größte Arbeitsplatz der Gegend, und schon 1935 meldete Kreisleiter Binz nach Berlin, daß sein Kreis „als erster im ganzen Deutschen Reich frei von Arbeitslosen" sei: Die dritte Blüte für Gemünd. Keine Frage also, daß sich alles selbst bei Eiseskälte an der Straße drängte, als sich Hitler davon im November 1936 selber überzeugte. Und als kleinen Dank zumindest blies man ihm den Marsch: „Heimattreue" im Zweivierteltakt, eigens komponiert für diesen Tag mit einem Hinweis für die Musikanten: „Grandioso".

Wir steigen mit dem Rundweg weiter, vorüber an Gebüsch und wohlversorgten Wiesen, oben noch vorbei an einem zweiten Wasserbehälter. Dann stoßen wir auf einen Querweg und folgen nun dem Zeichen „9" nach rechts, sacht abwärts an den Wald heran und mit dem Waldrand links herum, bis wir erneut auf einen Querweg stoßen, der von der Höhe kommt und uns rechts und gleich im Bogen links hinabführt in den Grund des Horrenbachs. Unten wandern wir zwischen Fichten in einer doppelten S-Kehre um die Quellmulde herum, dann wieder sacht bergauf. Hier endet links der Wald, wir wandern zwischen Weideland und Waldrand weiter, vorüber an der Schneise für die Masten einer Leitung, und bald darauf aufs neue in den Wald: Eichen, Birken, Ebereschen, rechts die tiefe Kerbe des Gewässers.

Im Eichenhochwald dreht der Weg sich dann nach links, auch im Fichtenwald dahinter wandern wir herum um die Kuppe zur Linken; hier liegen lange Stämme längs des Wegs und warten auf den Abtransport. Bei einem Kahlschlag haben wir dann Vogelsang erneut im Blick.

Ehe wir den Kreis vollenden, gabelt sich der Weg: Links geht es weiter aufwärts, wir folgen rechts dem Abfuhrweg hinab ins Tal des Laßbachs („9") und hören dann und wann das stumpfe Krachen aus dem Schießgelände irgendwo im Tal. Unten überqueren wir den kleinen Wasserlauf und wandern auf dem Schotterweg dahinter links im Wiesental, vorüber an der neuen Umspannstation und am kleinen Klärbecken und für mehr als einen halben Kilometer nun bachaufwärts.

Zuletzt verläßt der Weg den Waldrand und führt uns mitten in die feuchte Quellmulde des Bachs mit Gras und harten Binsen. Bei der Wegespinne in der Mitte folgen wir halbrechts dem Weg, der mit der größten Steigung weiterführt („9"), kommen hügelan durch einen Riegel von Gehölz, vorbei an einem weißen Einzelhaus und mit dem Fahrweg geradewegs hinauf. Hier liegt Herhahn auf der Höhe, unser Wendepunkt für heute.

„In den Tälern" heißt der Weg mit gutem Recht. Er stößt bei einem Haus mit einer großen Buchenhecke auf die Straße und folgt ihr und dem Zeichen „9" nach links in den Ort. Bei der Kirche stößt die „Pfarrer-Grundmann-Straße" auf die alte Dorfstraße „Herhahn", die uns links, vorbei am Friedhof, weiter durch

Fern liegt Vogelsang

den Ort bringt. Breit ist die Straße und bequem, doch so gut wie unbelebt: Die Autos fahren weiter oberhalb vorüber, auf der alten Vogelsanger Zufahrtsstraße, die beim Bau so imponierend ausfiel, daß ein Name nur in Frage kam, „Straße des Führers". Dann kreuzen wir die Einmündung der „Römerstraße", die wir von Gemünd schon kennen, und überqueren gleich darauf am Gasthaus „Eifelhöhe" die B 266 und folgen gegenüber mit der „Eckstraße" weiter dem Weg „9". Vorüber an der Feuerwehr, halten wir uns mit der „Hühnerbuschstraße" noch ein Stück nach links. Am letzten Haus von Herhahn dann verlassen wir die panzerfeste Landstraße und folgen hier dem Hinweis „Schullandheim Hohenfried" halblinks in die Felder.

Wo sich der Asphaltweg schon nach wenig mehr als hundert Metern gabelt, verlassen wir den Rundweg „9" und folgen rechts dem Zeichen „7" auf den fernen Feuerwachturm über Kall zu. Es geht an Hühnerbusch vorüber, wo der „7 a" uns rechts verläßt, dann weiter auf dem festen Sandweg „7" zwischen Ackerland und Waldrand. Die Stoppeln auf der flachen Kuppe glänzen golden in der Sonne. Bald verläßt uns rechts der Rundweg „7 b" nach Olef und nach Schleiden; wo beim Querweg gleich darauf der „7" rechts schwenkt, halten wir uns links und folgen rechts dem unmarkierten Fahrweg auf der Höhe mit schönen Blicken beiderseits, bald auch noch einmal bis Vogelsang.

Wir kreuzen den asphaltierten Weg „8" und kommen weiter geradeaus, bis neben einem Gehöft der „8" aufs neue zu uns stößt. Von hier aus folgen wir nun seinem Zeichen bis zum Ende: Der Weg verschwenkt sich auf der Höhe und bringt uns an einzelnen Höfen vorüber, dahinter an den Eichenwald heran. Am Hinweisschild zum Schullandheim „Hohenfried", wo der Fahrweg sich gabelt, steigen wir rechts bei der „Hohenfrieder Hütte" mit dem Pfad im Wald gemach hinab. Bald stößt der Weg auf einen breiteren, bequemen, und verläßt ihn schon nach dreißig, vierzig Metern wieder, um als Pfad hinabzuführen, in engen Kehren durch den Buchenwald („8"), zuletzt vorüber an der „Kanzel", einem schönen Rastplatz auf dem blanken Fels der Müsgeshardt, bis wir unten auf den asphaltierten Kreuzweg stoßen.

Bei der katholischen Nikolauskirche erreichen wir schließlich Gemünd. Hier überqueren wir die Straße und begleiten gegenüber noch die Olef auf den letzten Metern, bis sie sich zu Füßen Nepomuks, im Schutz der Linden, mit der Urft vereinigt, und kommen links durch die Fußgängerzone („Dreiborner Straße") wieder zum „Marienplatz".

Wo die Olef mündet

Von Gemünd aus auf die Höhen der Eifel

Weglänge: ca. 13 km

Anfahrt:
Über Autobahn A 1 bis AS Euskirchen-Wißkirchen, von dort
B 266 bis Gemünd, im Ort Richtung Aachen und rechts zum
Parkplatz „Marienplatz". Mit der Eisenbahn bis Kall (Eilzugsta-
tion) und mit Bus nach Gemünd.

Wanderkarte:
Schleiden Gemünd 1:25 000 (nur 4. Aufl. 1991!)

Wanderweg:
„Marienstraße" zurück zur Kreuzung und gegenüber „Römer-
straße" Richtung „Wohngebiet Salzberg". 100 m hinter Einmün-
dung der Straße „Am Salzberg", bei weißem Wohnhaus, rechts
Weg in der Böschung hinauf und rechts Pfad in der Böschung
am Unterrand der Siedlung folgen. Zuletzt Sackgasse „Am
Hühnerberg" nach links und links „Dreiborner Weg": „9" bis
Herhahn folgen und dort zum Ort hinaus. Hier „9" verlassen und
Weg „7" folgen, bis er auf Querweg stößt und rechts schwenkt.
Nun links und rechts auf unmarkiertem Fahrweg über die Höhe.
„8" kreuzen, neben Hof stößt „8" noch einmal zu uns und mit ihm
an Hinweis zum Schullandheim und Hütte durch den Wald und
an „Kanzel" vorüber hinab. Unten neben Kirche an die Straße,
rechts und links mit Olef an die Urft und links durch Fußgängerzone zurück.

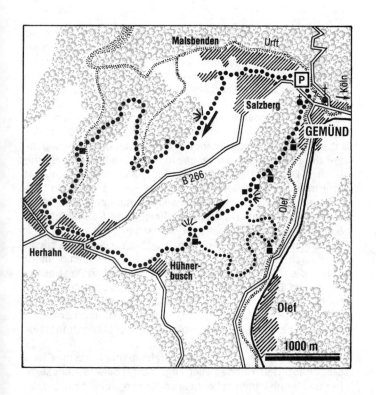

Tippeltour 25:

Abmarsch beim Kaiser

Noch 1855 hätten wir hierher nur wandern können, so wie wir heute wandern. Da endete die Eisenbahn auf der „französischen" Seite des Rheins noch in Bonn. Dann kam ein Prinz aus Preußen und wünschte sich ein Landhaus fürs Vergnügen mit Gleisanschluß am Wasser. Schon 1856 waren Bahn und Bahnhof glanzvoll fertig, nichts, wo man einfach anhielt, weit eher eine Stätte zum Verweilen, ein klassizistisches Palais mit schimmerndem Parkett, mit edlem Stuck und filigranen Säulen vor der Gartenfront, von wo der Fernblick auf die sieben Berge gegenüber derart malerisch geriet, daß ihm der Baedeker die Sterne gleich im Doppel zugedachte. Und für das Bahnhofsrestaurant den Hinweis: „Mit festen doch nicht billigen Tarifpreisen."
Billig war hier nichts, noch der Stationsvorsteher war der bestbezahlte im gesamten Deutschen Reich, und Bahnhofsbauer Wilhelm inzwischen Kaiser aller Deutschen.
Hundert Jahre später fuhr die Eisenbahn zwar weiter als zuvor, sogar nach Frankreich, wenn man wollte, doch immer mehr auch in die roten Zahlen: Des Kaisers Bahnhof sollte abgerissen werden. Die Feier seines 111. Geburtstags brachte schließlich die Wende, zweitausend Menschen wünschten Glück – und Glück hieß: „Rettet den Bahnhof!" – So wurde die feudale Bahnsteigkante konserviert und ist seither als „Künstlerbahnhof Rolandseck" für jeden großen Bahnhof gut.
Wir beginnen unseren Spazierweg nah am Rhein, wo die Fähre ablegt nach Bad Honnef. Hier liegt die renovierte Haltestelle über uns, noch immer mit dem alten Namen – und dem Zusatz: „Bahnhof" Rolandseck. Den würde sonst wohl keiner glauben bei all den Plastiken im Park. Wir steigen linker Hand über Treppen hinauf und schauen uns ein wenig um. Dann folgen wir dem Zeichen des Verbindungswegs zum „Rheinhöhenweg" („RV") unter den Geleisen hindurch und aufwärts mit der Straße „Am Kasselbach". Nach einem zweifachen Knick erreichen wir den Parkplatz für den malerisch gelegenen Wildpark. Hier weist uns der „RV" nach rechts, dann stoßen wir auf den Rheinhöhenweg, dem wir nun für lange folgen. Wir wenden uns nach links,

Großer Bahnhof

vor einem Einzelhaus geht es noch einmal links, dann begleitet
der Weg im Wald den Lauf des kleinen Kasselbachs („R").
Als wir den Zaun des Wildgeheges erreichen, sind es noch vierhundert Meter, bis unser Weg scharf nach rechts knickt und in
der Böschung aufwärts führt bis an die Ecke einer großen Wiese
im Wald. Hier halten wir uns links und wandern weiter durch den
Wald mit Ilex links und rechts des Wegs. Nach einem guten halben Kilometer gabelt sich der Weg vor einer Schutzhütte. Hier
halten wir uns links. Nach weiteren vierhundert Metern zweigt
im scharfen Knick nach rechts erneut ein Weg ab als „RV"; wir
wandern halblinks weiter, vorüber an der beschilderten Abzweigung nach Oberwinter und geradeaus mit dem Rheinhöhenweg bis Birgel – oder, wenn wir wollten, auch in die Karpa-
ten, wie ein Hinweisschild verrät.
Vor Transsylvanien erreichen wir Waldheide, Oberwinters
schönen Ortsteil, und folgen dem Verlauf der Straße, die wie ihr
Wanderzeichen heißt: „Rheinhöhenweg". Nach einem knappen
Kilometer überqueren wir die Kreuzung mit der Abzweigung
nach Bandorf und gehen weiter geradeaus nach Birgel, vorbei
am Platz „Unter der Dorflinde" und einem Kruzifix von 1723.
Noch immer wandern wir auf dem „Rheinhöhenweg". Wo dann
nach links das Sträßchen „Auf der Helte" abzweigt, schwenkt
der „Rheinhöhenweg" halbrechts und führt am Bolzplatz weiter

Altes Haus

links bergauf. Nach ein paar Metern weiter loben wir das helle Tageslicht: „Halt", steht es da auf einem Schild: „Betreten des Birgeler Kopfes ab hier mit Eintritt der Dunkelheit nicht gestattet." Für gänzlich Unbesonnene folgt der Zusatz: „Gefahr für Leib u. Leben." – So aufmerksam gemacht, entdecken wir tatsächlich ein Geheimnis, die militärischen Antennenmasten auf der Kuppe. Links führt der Weg am Stacheldraht vorüber und rechts im Bogen um die Anlage herum, dann friedlich weiter durch den Wald und über Tritte aufwärts bis zum Fernblick auf den Rhein mit Remagen und Erpel gegenüber.

Danach der Abstieg: Noch immer mit dem „R" durch jungen Wald, zur Linken geht es steil hinab ins Rheintal, 120 Meter tiefer, mit lärmendem Verkehr auf allen Wegen zu Wasser wie zu Land. Zwischen Kiefern führt der Weg noch einmal heran an die Abrißkante der Böschung, hier liegt Unkel unter uns, dahinter staffelt sich der Westerwald mit seinen Höhen. Nach ein paar Metern dann verläßt der „R" den Rhein und führt im scharfen

Hoch überm Rhein

Knick nach rechts hinab. Die Böschung liegt uns jetzt zur Linken, dort schimmert Unkelbach von weitem durch die Bäume. Ehe wir aufs neue die Häuser von Birgel erreichen, schwenkt der „Rheinhöhenweg" nach links und führt uns durch den Mischwald abwärts. Noch vor dem Bachtal knickt der Weg nach rechts und bringt uns unten schließlich an den Bürgersteig heran. Rund hundert Meter folgen wir nun noch der Straße, dann verläßt uns der Weg mit dem „R", um weiter die Höhen am Rhein zu verfolgen: Wir wandern auf dem Fahrweg „Am Busenberg" an der Schmelzmühle vorüber, bis wir am Rand von Bandorf wiederum die „Talstraße" erreichen.

Im Ort dann folgen wir dem „Kirchweg" an der Haltestelle links hinauf und stoßen auf den „Turmweg" mitsamt dem Turm zur Linken, dem letzten Zeugen einer Burg des 17. Jahrhunderts. Wir sehen noch die Eisenanker in der weißen Wand und lesen sie als „1687".

Dann nehmen wir den „Turmweg" in die Gegenrichtung bis zum kleinen Dorfplatz an der Post und folgen links erneut der „Talstraße". Wo die Vorfahrtstraße bald nach rechts knickt und nach Oberwinter führt, überqueren wir den „Lohweg", wandern weiter geradeaus und nehmen bei der Gabelung sodann den „Einsfeldweg" halblinks. So geht es nun zum Ort hinaus, nach sechshundert Metern vorbei an einem stolzen Klinkerhaus, am Grundstücksende dann noch einmal über einen Querweg geradewegs hinweg, bis wir gleich darauf den nächsten Weg nach rechts verfolgen, noch vor dem Wald den Lauf des Bandorfer Bachs überqueren und dann am Waldrand aufwärts wandern. Das Freiland linker Hand, den schönen Buchenwald zur Rechten: So kommen wir hinauf und finden oben eine Bank mit Blick auf den Birgeler Kopf. Hier stoßen wir auf einen Querweg und folgen ihm nach links und durch den Wald. Nach etwa siebenhundert Metern erreichen wir im Wald bei einem Dreiweg den Hinweis „Rodderberg, Rolandsbogen" und folgen ihm nun mit dem Weg „RV" nach rechts. „Auf dem Höchsten" heißt das Flurstück, und tatsächlich sind wir hier so hoch, daß wir bei der Waldweide zur Rechten die sieben Berge vor uns liegen haben, vielgeliebt und vielbesungen, vor allem seit jeher in englischer Sprache, daß 1840 wiederum ein Engländer als erster auf die Frage kam: „Why, Tourist, why, / The Seven-Mountains-View?" – Warum denn bloß die sieben Berge?

Beim Holzkreuz zur Erinnerung an einen Tod im Jahre 1830 erreichen wir die freie Hochfläche am „Hermann-Wilhelm-Hof". Hier halten wir uns rechts und gehen einen Kilometer lang zwi-

schen Koppeln und Waldrand entlang. Ehe dann der Weg „RV"
nach links schwenkt, halten wir uns rechts, wenden uns nach
etwa zwanzig Metern schon nach links und wandern durch den
Wald, den Waldrand immer neben uns. Bald läuft der Weg am
Wildzaun einer Pflanzung entlang, bis wir neben einer großen
Nußbaumplantage wieder den „Rheinhöhenweg" erreichen. Er
bringt uns weiter bis an den Asphaltweg heran, der nach links
die Hochfläche kreuzt: Wir halten uns hier rechts und folgen einen halben Kilometer lang dem Fahrweg (und dem „R") an Nußbäumen zur Linken und dem „Rodderberghof" rechts vorüber.
Wo vor dem Rolandsturm des Kölner Jacob von Rath von 1848
dann der „Rheinhöhenweg" nach links schwenkt, folgen wir
dem Weg „RV" nach rechts und weiter bis zum Rolandsbogen.
Von hier aus ist der Blick derselbe wie von Rolandseck, noch
immer so, wie ihn Wilhelm Apollinaris de Kostrowitsky, bekannter als Guillaume Apollinaire, 1912 verewigt hat: „Ich saß am
grünen Strand von Rolandseck. Mir war / Als wandle drüben in
der Mädchenschar / auf Nonnenwerth noch immer Rolands
Nonne …". Der hohe Bogen wird auf immer mit der schönsten
Sage (und der traurigsten) am Rhein verbunden bleiben.
Der Weg hinunter findet sich von selbst, vorbei am Freiligrath
aus Bronze, der einst in Fleisch und Blut, mit Geld und gutge-
meinten Versen, den Rolandsbogen hat erhalten helfen. Dann
sind wir wieder auf der lauten Bundesstraße und kommen
rechts zum Ausgangspunkt zurück. Und wieder hat sich hier
nicht viel geändert seit 1912: „Und auf der lichtgefleckten Ufer-
straße flohn, gehetzt / Von Angst und gar nicht ritterlich, Auto-
mobile, / Und Dampfer schwammen würdig und gesetzt / Rhein-
abwärts – viele, viele …"

Nonnenwerth

Von Rolandseck zum Birgeler Kopf und zum Rolandsbogen

Weglänge: 13 km

Anfahrt:
Mit der Bundesbahn bis Rolandseck (oder Oberwinter, Anschluß über „RV"); mit dem Auto über Bonn und B 9 bis Rolandseck, Parkplatz vor der Fähre nach Bad Honnef.

Wanderkarte:
Kottenforst und Drachenfelser Ländchen 1 : 25 000

Wanderweg:
Links am Bhf. vorüber, mit „RV" zum Parkplatz am Wildpark und weiter „R" (im Wald nach 400 m am Zaun Rechtsknick!) bis Waldheide. Mit „R" durch den Ort bis zum Birgeler Kopf. Weiter „R" bis zur „Talstraße"; hier „R" verlassen und auf Fahrweg „Am Busenberg" an der Schmelzmühle vorüber in den Ort. Links „Kirchweg" und „Turmweg" (Turm zur Linken) rechts und wieder „Talstraße" nach links, über „Lohweg" hinweg und bei Gabelung halblinks „Einsfeldweg". Nach 600 m an Klinkerhaus vorüber, über Querweg und dann rechts am Waldrand hinauf. Oben auf Querweg links durch den Wald und oben weiter „RV" in Richtung „Rolandsbogen". Am „Hermann-Wilhelm-Hof" vorüber, vor Linksknick des „RV" rechts in den Wald und nach 20 m links und geradeaus bis auf „R". Mit „R" am „Rodderberghof" vorbei, bei Linksknick dann rechts „RV" bis zum Rolandsbogen, Abstieg und auf der Straße unten rechts zurück.

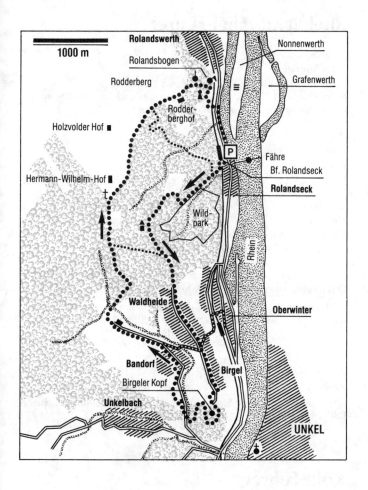

Bücher für Köln
das Rheinland und die Eifel

Rheinland-/Eifel-Führer

Peter Squentz
Tippeltouren
Serie aus dem Kölner Stadt-Anzeiger, Band 1–6
Jeder Band enthält 25 Wanderungen rechts und links des Rheins mit
vielen Karten und Fotos, je Band 19,80 DM.

Arne Houben und Dietmar Mirkes
Die Eifel
Ein Touren- und Lesebuch. 320 Seiten, 104 Abbildungen, 39,80 DM.

Heide Huber
Römische Reise – per Rad durch die Eifel
240 Seiten, 85 Abbildungen, 29,80 DM.

Das Rheinland entdecken mit Fahrrad und Bahn
20 Tages- und Wochenendwanderungen am Rhein, im Bergischen
Land und in der Eifel, zusammengestellt von William Pratt u.a.
200 Seiten, 80 Abbildungen, 20 Karten, 24,80 DM.

Bettina Hartmann
Bonn
Kinder entdecken eine Stadt. 48 Seiten mit doppelseitigen farbigen
Bildern, 29,80 DM.

Köln-Führer

Hans und Hildegard Limmer
Geh mit durch Köln
Geschichten vom alten und neuen Köln, unterwegs erzählt und
erlebt von Ohm Paul, Jupp und Lieschen. 128 Seiten, 112 Abbildungen, 19,80 DM.

Petra Slomka
Die Kölner Altstadt
Das Martinsviertel und seine Umgebung. 116 Seiten, 36 Abbildungen,
19,80 DM.

Gerta Wolff
Das Römisch-Germanische Köln
Führer zu Museen und Stadt, 287 Seiten,
128 Abbildungen, 29,80 DM.

Fahrrad-Stadtplan Köln
Der Wegweiser für Alltag und Freizeit mit al-
phabetischem Straßenverzeichnis und gro-
ßem Info-Teil. Herausgegeben vom ADFC
Köln. Faltkarte mit Beiheft, ca. 96 Seiten,
Maßstab 1:20.000, 14,80 DM.

Kölner Geschichte

Arnold Stelzmann und Robert Frohn
Illustrierte Geschichte der Stadt Köln
Gesamtdarstellung der Kölner Stadtgeschichte auf dem neuesten
Stand. 406 Seiten, 157 Abbildungen, 49,80 DM.

Köln um 1930
Fotos von Wilhelm Schmidt-Thomé, herausgegeben von Paul-Georg
Custodis. 95 Seiten, 83 Fotos, 29,80 DM.

Der Bischof in seiner Zeit
Festgabe für Joseph Kardinal Höfner.
Bischofstypus und Bischofsideal im Spiegel der Kölner Kirche.
480 Seiten, 48,– DM.

Willi D. Osterbrauck
Johann Reichsfreiherr von Werth
Die Chronik eines umstrittenen Volks-
helden. Mit einem Geleitwort von Norbert
Burger, Oberbürgermeister der Stadt Köln.
176 Seiten, 260 Abbildungen, 39,80 DM.

Geschichte des Erzbistums Köln
Herausgegeben von Eduard Hegel.
Band 1, bis zum Ende des 12. Jahrhunderts,
60,– DM. Band 4, 1688–1814, 88,– DM.
Band 5, 1815–1962, 98 DM.

Rheinische Geschichte/Eifel

Rolf Dettmann und Matthias Weber
Eifeler Bräuch im Jahreskreis und Lebenslauf
Ein Bilder- und Lesebuch für Alt und Jung. 167 Seiten, 65 Zeichnungen,
39,80 DM.

Rolf Dettmann und Matthias Weber
Das Kylltal in der Eifel und seine Umgebung
Ein kulturgeschichtlicher Streifzug. 192 Seiten, 84 Abbildungen, 39,80
DM.

Josef Dollhoff und Karl Josef Baum
Düren
Aus der Geschichte einer alten Stadt. 144 Seiten, 118 Abbildungen,
34,80 DM.

Bernhard Condorf
Die Burgen der Eifel
und ihrer Randgebiete. Ein Lexikon der „festen Häuser". 199 Seiten,
35 Abbildungen, 34,– DM.

Elke Lehmann-Brauns
Himmel, Hölle, Pest und Wölfe: Basaltlava-Kreuze der Eifel
198 Seiten, 204 Abbildungen, 39,80 DM.

Sagen und Legenden der Eifel
Gesammelt und bearbeitet von Hans-Peter Pracht. 240 Seiten, 35 Graphiken, 29,80 DM.

Lutz-Henning Meyer
150 Jahre Eisenbahnen im Rheinland
Band 30 der Reihe „Beiträge zu den Bau- und Kunstdenkmälern im Rheinland". 671 Seiten, 406 Abbildungen, 148,– DM.

Kölner Stadtteile

Konrad Adenauer und Volker Gröbe
Lindenthal
Die Entwicklung eines Kölner Vororts. 175 Seiten, 226 Abbildungen, 39,80 DM.

Konrad Adenauer und Volker Gröbe
Straßen und Plätze in Lindenthal
180 Seiten, viele Abbildungen, 39,80 DM.

Hans-Michel Becker
Äbte, Kies und Duffesbach
Zur Geschichte der Kölner Vororte Sülz und Klettenberg. 138 Seiten,
72 Abbildungen, 34,80 DM.

Robert Christ und Josef Dollhoff
Niehl
Vom Fischerdorf zum Kölner Industrie-Vorort, 128 Seiten, 60 Abbildungen, 39,80 DM.

Ilse Prass
Mülheim
Stadtgeschichte in Straßennamen. Von der „Freiheit" zum Kölner
Vorort. 128 Seiten, 118 Abbildungen, 39,80 DM.

Köln und sein Umland
Herausgegeben von Karlheinz Hottes. 292 Seiten, 49 Abbildungen,
49,80 DM.

J.P. BACHEM VERLAG KÖLN